# DE ONDE NASCEM AS ROSAS

# DE ONDE NASCEM AS ROSAS

## PARA CULTIVAR AMOR
## É NECESSÁRIO
## SE AMAR PRIMEIRO

### DUDA RIEDEL

De Onde Nascem as Rosas © Duda Riedel, 09/2020
De Onde Nascem as Rosas © Crivo Editorial, 09/2020

Edição e revisão: Amanda Bruno de Mello
Coedição: Samantha Silvany
Projeto gráfico: Haley Caldas e Samantha Silvany
Diagramação: Jaison Jadson Franklin
Capa: Duda Riedel, Haley Caldas e Samantha Silvany
Foto da autora na capa: Tiago Moreira
Maquiagem para foto da autora: Jéssica Eufrásio
Coordenação editorial: Lucas Maroca de Castro

Dados Internacionais de Catalogação na Publicação (CIP) de acordo com ISBD
· · · · · · · · · · · · · · · · · · · · · · · · · · · · · · · · · · · · · · · · · · · · · · · · · · · ·
R549d      Riedel, Duda

De onde nascem as rosas: para cultivar amor é necessário se amar primeiro / Duda Riedel. - Belo Horizonte, MG : Crivo Editorial, 2020.
192 p. : il. ; 13,6cm x 20,4cm.
Inclui índice.
ISBN: 978-65-991776-3-7
1. Autoestima. 2. Autoajuda. 3. Juvenil 4. Relacionamentos.
I. Título.

CDD 158.1
CDU 159.947
2020-1938
· · · · · · · · · · · · · · · · · · · · · · · · · · · · · · · · · · · · · · · · · · · · · · · · · · · ·
Elaborado por Vagner Rodolfo da Silva - CRB-8/9410
Índice para catálogo sistemático:
1. Autoajuda 158.1
2. Autoajuda 159.947

Crivo Editorial
Rua Fernandes Tourinho, 602, sala 502
30.112-000 - Funcionários - Belo Horizonte - MG

www.crivoeditorial.com.br
contato@crivoeditorial.com.br
facebook.com/crivoeditorial
instagram.com/crivoeditorial
crivo-editorial.lojaintegrada.com.br

# SUMÁRIO

*Para todos os que precisaram se perder*
*Pra encontrarem o verdadeiro amor...*
*Em si mesmos.*

# ATÉ A ÚLTIMA PÉTALA

Hoje eu compreendo que nem sempre vai dar pra ficar. É necessário partir pra deixar fluir. Tem que ter coragem pra aceitar que o amor que você idealizou pode não ser o seu amor verdadeiro.

Duda Riedel

# • CAPÍTULO 1 •

Que mulher nunca se sentiu completamente presa em um relacionamento? Quando eu digo presa, não me refiro à questão negativa da palavra, e sim àquela prisão de sentimentos que amarra o relacionamento com um nó cego e não te permite passar um dia sequer longe de quem você ama.

Demorei pra me sentir inteira em um namoro. Eu não conseguia sequer parecer inteira pra mim. Existem dias em que nos sentimos pouco até pra nós mesmas. Tive testes amorosos desastrosos, que me fizeram acreditar que o amor era algo inventado pela indústria do cinema para alavancar bilheterias e ganhar bilhões de dólares. Está bem... Não tive tantos testes assim, namoro há muito tempo. Mas acompanho a vida amorosa das pessoas ao meu redor e, francamente, prefiro a minha.

Eu nunca tive um bom exemplo de casamento perfeito em casa. Meu pai trabalha na CNN como editor-chefe de economia, já minha mãe é artista plástica e vive uma vida zen, vegana, cheia de yoga e espiritualidade. Como esses dois se apaixonaram? Não faço a mínima ideia. Como eles se divorciaram e hoje se

comunicam através de um pombo-correio chamado Madu (também conhecida como a única filha deles)? Explico agora.

Eu nunca entendi muito meus pais, então atualmente eu só escuto as reclamações deles e tento não tomar partido. É mais fácil dessa forma. Eles são bizarramente opostos e eu vivo no meio dos dois extremos há exatos 20 anos.

Amanhã é meu aniversário e datas como essa me fazem questionar o porquê de as coisas serem tão 8 ou 80 comigo. Longe de mim reclamar, afinal, já foi muito pior. Como, por exemplo, no dia em que meu pai colocou atum enlatado na minha lancheira para o piquenique do dia da família do jardim de infância. Peixe, ainda mais enlatado, causa histeria na minha mãe 100% zen.

Desse dia em diante me foi designada a função de fazer minhas próprias escolhas e decidir que caminho seguir em minha vida, porém *nem tanto*. Resumidamente, eles optaram por deixar que eu escolhesse minha própria personalidade sem que eles interferissem no meu processo de desenvolvimento pessoal. Isso quer dizer que a guarda era dividida de forma equivalente e eu passava metade da semana vivendo em um completo caos de números, comidas *fast food* e poluição e a outra parte comendo vegetais orgânicos, andando de bicicleta e meditando. Mesmo depois de chegar à maioridade eu continuei me dividindo entre os dois por um motivo óbvio: eu os amo igualmente. Isso me transformou em uma jovem adulta equilibrada, ou que pelo menos tenta parecer ser. Amo McDonalds, mas quando vou lá peço suco de uva com palitos de cenoura. Detesto trânsito, mas sou sedentária demais para andar de bicicleta tradicional, então a minha é elétrica. E, por fim, amo o estilo pessoal retrô da minha mãe, mas, ainda assim, segui a mesma carreira profissional do meu pai, que também é a mesma do meu namorado. Por isso, estudo Economia em faculdade particular, mas ensino matemática aos sábados para crianças da rede pública. Essa sou eu, basicamente.

E hoje seria um pré-aniversário comum na casa do meu pai, com as comidas feitas pela minha mãe, se não fosse por uma coisa. Meu namoro está diante de um colapso. Crise. Sim, crise de relacionamento. A primeira desde que estamos juntos. E estamos juntos desde os meus 13 anos. Ou seja, sete aninhos juntos e nunca tivemos crise alguma. Nosso namoro é cômodo, e não fui eu quem disse isso.

Eu sei o que você vai falar, é exatamente o que a Babi, minha melhor amiga, fala: "Crises passam e são essenciais para construir um namoro sólido". Mas essa crise já está se encaminhando há um mês. Tudo está estranho e ninguém tem coragem de falar sobre isso para não gerar uma DR (discussão de relação) que pode culminar no fim do nosso namoro. Eu definitivamente não estou preparada para isso.

**Tem gente que prefere não amar para não ter que se submeter ao descontrole que uma paixão pode provocar em nossas vidas.**

Eu poderia ser assim, já que tive exemplo em casa. Ter um relacionamento tão conturbado como o dos meus pais como modelo me fazia crer que amar não valeria a pena, afinal, eles não suportaram nem quatro anos juntos. Só que eu e o Guilherme estamos juntos há sete anos. Já extrapolei minha meta. E sempre tentei, de todas as formas, ceder para que nosso namoro sempre fosse o mais tranquilo possível.

Eu, honestamente, nem consigo imaginar como seria minha vida sem namorar o Guilherme. Já estamos juntos há tanto tempo! Ele faz parte de todas as minhas memórias, viagens, micos, tristezas e risadas. E ainda por cima estudamos juntos. Ou seja, apenas cogitar a possibilidade de terminarmos já é devastador.

Frequentemente, em minhas consultas com a Dra. Kyara, minha terapeuta, nós tentávamos conversar sobre a possibilidade de eu ter uma vida sozinha, ou seja, uma vida de solteira. Acho que minha psicóloga é a pessoa que mais torce pelo fim do meu namoro, porque ela sempre toca nesse ponto infeliz. Porém, suas tentativas eram constantemente vãs, já que nosso relacionamento ia sempre muito bem, obrigada.

Mas, como dizem, tudo que é bom dura pouco. No meu caso, durou sete anos antes que chegasse o dia de comunicar a ela sobre nossa pequena (talvez nem tão pequena assim) crise.

— Então você sente que não está mais tão apaixonada assim? — Questionou, enquanto anotava sei lá o quê naquele caderninho rosa pink com caneta BIC azul.

— Não, isso é você quem está dizendo... Eu só comentei o fato de nossa relação ter dado uma esfriada... — Lá vai ela e pega a caneta BIC vermelha. Isso não me parece ser bom.

A Dra. Kyara costuma falar que "é necessário repensar qualquer relacionamento que custe sua sanidade mental", mas eu pago o seu serviço com todo o meu salário de estagiária para tentar me trazer a paz que o divórcio dos meus pais me custou. Então acredito que essa frase não faz tanto sentido em minha vida. Ou, quem sabe, até faz, mas eu não quero acreditar. *Fica a seu critério.*

Acho que relacionamentos por si só já são cobertos de emoções e incertezas. Meu namoro com o Guilherme não era um mar de desavenças, mas

também estava longe de ser um filme de comédia romântica. Nós sempre nos demos bem. E o melhor é que ambos nos esforçávamos — parcialmente, pelo menos — para dar nossa metade ao nosso namoro. Dizem que eu me esforço mais, mas não é verdade. *Nós nos completamos.*

Como sou de exatas, eu imagino o amor como o valor de pi, incalculável. O amor é tão vasto e complexo em seu desenvolvimento que eu não consigo compreender como ele pode caber em apenas quatro letras. A sua definição no dicionário é extremamente rasa para dar conta da profundidade que o amor promove em nossas vidas. O amor é muito mais do que um substantivo masculino: ele é o que une a maior parte das relações.

Eu vivo esse sentimento constantemente há anos e reconheço os efeitos que tem sobre nós. É diferente do que vejo em filmes e do que nos narram em músicas. Não falta ar, não falta oxigênio, o coração não pula: caso você sinta isso, se encaminhe para o hospital mais próximo, pois provavelmente você está tendo um derrame.

**Amor é mais tranquilo. Se você levar seu namoro na emoção, já era. Amor não se mede, mas ele gera ações que devem ser calculadas.**

É por isso que tenho um namoro concreto há sete anos. *Concreto* pode parecer uma palavra estranha para definir um namoro. Talvez seja. Assim como o fato de eu e o Guilherme sermos vistos como um casal morno por boa parte de nossos amigos. Mas isso é uma completa inveja da parte deles, pois não compreendem como é ter um namoro bom.

Nós temos um relacionamento didático, que se resolve facilmente com um diálogo e com a busca de um acordo comum. Mas uma porcentagem significativa do mundo não consegue ser "meio-termo" e acha que apenas a própria opinião importa.

— Oi, Gui, estou quase pronta e podemos ir para a casa do meu pai — eu conseguia ouvir um barulho de FIFA ao fundo — me ouviu?

— Oi, linda, ouvi sim, mas você poderia ir com sua mãe? Os meninos estão aqui e devo me atrasar uns quinze minutos. Olha só, no FIFA o Messi é melhor que o Cristiano — reviro os olhos.

— Gui, eu precisava ir com você. Estou levando os docinhos e queria... — Lembro que hoje é quarta-feira, o tal dia do campeonato de videogame. — Vem cá, hoje é meu aniversário.

— Amanhã é seu aniversário, e hoje é quarta-feira — responde sem me dar muita atenção.

— É, mas o que custa você não jogar no dia do meu pré-aniversário? — Caio na real e percebo: para que brigar logo hoje? — Tudo bem, vou de bike, te espero lá às 21h. Não atrasa!

Viu? Uma conversa resolvida em poucas palavras e, claro, cedendo um pouco do lado de cá. A verdade é que eu costumo ceder mais, mesmo. Tenho preguiça de discutir e criar uma confusão generalizada. Eu já faço isso constantemente com meus pais, então não tem o menor problema fazer também no relacionamento. Eu sou apaziguadora, dizem que isso é coisa do meu signo. Vai saber.

A Babi fala que eu não tenho vontade própria. Desconfio que ela também seja da trupe da minha psicóloga, que torce contra o meu namoro. É que vontade própria também é um pouco de egoísmo, se formos analisar melhor. Eu facilmente me adapto bem a qualquer circunstância e situação. E, já que posso contar com meu espírito camaleão, costumo abdicar das minhas escolhas em prol do bem comum. Egoísmo não leva a nada.

E eu sei que você achou a atitude do Guilherme egoísta. Sim, ele é um ser difícil. Mas não dá pra não se apaixonar por esse loirinho de olhos amendoados que usa tênis All Star velho e toma banho com sabonete de bebê. Aliás, não se apaixone, *pois ele é meu.*

# ESPINHOS QUE MACHUCAM

Não adianta fazer muito
querendo que também façam
por você. Se as pessoas não
te retribuírem, você só vai
se frustrar. Consideração
não se espera e muito menos
se exige. Consideração
simplesmente acontece.

**Duda Riedel**

# • CAPÍTULO 2 •

Desço as escadas apressada e coloco os docinhos na minha mochila. Procuro minha mãe, mas vejo que ela ainda está no banho e, obviamente, escutando Celine Dion. Sem dúvidas esse banho vai demorar. Subo na minha bike elétrica lilás e vou em direção à casa do meu pai. Enquanto estou no caminho começo a refletir um pouco sobre os meus 20 anos. O que eu fiz durante esse tempo?

Bem, certamente não posso ser considerada um gênio que ganhou um prêmio ao desvendar a cura do câncer, também não combati na guerra da Síria e muito menos criei um plano para acabar com a fome do mundo, mas eu fiz coisas bacanas. Por exemplo, dou aulas de matemática para crianças da periferia, doo sangue a cada quatro meses, ensinei a irmã do Guilherme a andar de bicicleta e tantas outras coisas... Mas pera aí.

Não consigo pensar em nada relacionado exclusivamente a mim.

Será que eu nunca fiz algo nesses 20 anos que só contemplasse a minha pessoa? Por exemplo, uma

viagem sozinha para algum lugar do qual eu goste; aprender a tocar algum instrumento; fazer um bolo de chocolate com glúten, afinal, meu namorado é celíaco e eu sempre evito glúten por conta dele. É, eu nunca fiz nada disso. E eu nunca fiz nada pensando em mim. A voz da Dra. Kyara vem novamente em minha cabeça com aquele discurso de "você deveria praticar um pouco de amor-próprio".

Enquanto faço essas perguntas, minha mente vaga pelas palavras. Me desequilibro da bike e caio no asfalto. Rapidamente meu joelho jorra sangue por toda parte e mancha meu vestido estampado laranja-claro, a cor preferida do Guilherme. Procuro um casaco fininho que guardo na minha mochila para conter o machucado. Amarro rapidamente enquanto tento não urrar de dor. Francamente, logo no meu aniversário?

Mando uma mensagem pra Babi pedindo que ela passe na farmácia pra comprar um *Band-Aid* e água oxigenada para limpar meu machucado. Chego na casa do meu pai, abro a porta e lá está ele, escutando jazz e tomando seu bom cálice de vinho do Porto enquanto come bolinho de bacalhau.

— Pai, o que exatamente é isso? — Tiro os brigadeiros da minha mochila e os organizo na mesa da sala.

— O melhor bolinho de bacalhau da cidade, descobri que tenho uma vizinha portuguesa que, minha filha, se ela quiser ser sua futura madrasta eu iria amar — senso de humor? Temos.

— Vamos deixar os bolinhos de bacalhau para outro dia? — Levo-os até a cozinha e guardo dentro de um pote.

— Sua mãe pode comer o tofu com cenoura dela. E eu os meus bolinhos, o que custa?

— Custa minha paciência, papai. Estamos comemorando na sua casa ao invés de comemorarmos no mato fazendo *savasana* com a mamãe. — Ele enche um copo para mim — Então vamos ao menos comer algo que também contemple os gostos dela — dou um gole e sinto o péssimo gosto de madeira na boca... Céus, como eu detesto essa bebida.

— E o Guilherme? Cadê? Por que ele não veio com você? —A campainha toca e vou até a porta.

— O Guilherme está ocupado em uma reunião com os amigos — era a Babi, finalmente. Abro a porta.

— Guilherme? Deve está superocupado jogando FIFA 2014 com o Felipe. — Ela dá uma risada e eu arregalo os olhos. — Ué? Você não sabia? Isso é muito previsível — ela me olha de cima a baixo — Cadê o vestido que você queria usar?

— Coloquei esse, o Guilherme prefere esse ao vermelho...

— Acho que o universo está te dando sinais, porque essa mancha de sangue tá bem nítida.

Você já deve ter entendido isso, mas não custa nada reafirmar: vontade própria não é meu forte e eu danço conforme a música. É bom agradar um pouco o próprio parceiro, não é? Eu faço isso com frequência. Mas não me interprete mal.

— Esse namoro aí tá igual o *Titanic,* afundando lentamente – os dois riem e percebem o quanto foram insensíveis. — Bem, quer vinho, Bárbara?

— Valeu, tio! Prefiro tomar minha cerveja. — Ela tira dois packs de *Heineken* da sacola. — Qual é o menu de hoje?

— O mesmo dos últimos dez anos — respondo ríspida e eles riem novamente.

— Qual o problema de você comemorar seu aniversário em um restaurante do qual você goste? — Ela pergunta essas coisas certamente para me irritar, pois sabe a resposta.

— Fica difícil agradar meu pai carnívoro, minha mãe vegana, minha melhor amiga cachaceira e meu namorado celíaco em um mesmo lugar.

— Que eu saiba, o aniversário é o único dia do ano em que podemos fazer nossas próprias vontades sem sermos vistos como egoístas ou chatos. — E lá vamos nós, de novo, pra lição de moral!

— Eu acho que faço aniversário todo dia, porque sempre faço o que quero — o senso de humor do meu pai é algo fantástico, nossa.

Eu nunca fui minha própria prioridade, nem ao menos no meu aniversário. Acho que eu seria uma ótima animadora, pois constantemente eu estou disposta a deixar todos bem. Deve ser muito confortável não precisar agradar, mas eu não tenho essa sensação de alívio dentro de mim. Estou sempre buscando tornar a minha versão a mais incrível possível para os outros.

É que a vida deveria ser uma via de mão dupla, correto? Você dá e recebe na mesma proporção. No entanto, também ouvimos conselhos que dizem que não podemos esperar um retorno, muito menos criar expectativas para não nos frustrarmos. Seria ótimo se eu conseguisse pôr em prática, mas não é o que acontece. Sim, eu espero todos os dias ser recompensada. Não, isso nunca aconteceu, pelo menos não até agora.

Eu me frustro justamente por esperar demais das pessoas por quem eu faço tudo sem cobrar ou questionar. E, nessa de esperar uma troca, eu me decepciono quando minhas esperanças são falhas. Minhas expectativas estavam frustradas há quase um mês no meu namoro. E, na tentativa de ser recompensada, eu dava cada vez mais de mim, provavelmente achando que eu não tinha me doado o suficiente. E mais uma vez me frustrava. Era cíclico.

Na loucura de agradar os outros o tempo todo, eu justificava essas ações como boas também pra mim. Um misto de "olha só como você é incrível por fazer tudo por todos" com "eles que são ingratos". Eu julgava isso como prioridade, pois eu acreditava que isso era me priorizar. Eu "sou boa demais" ou, na verdade, isso seria ser trouxa além da conta?

— Ei, por que você está tirando esse quadro do lugar? — Comecei a mudar a disposição dos móveis da sala do meu pai para ocupar minha cabeça.

— Acredita que ela desenhou isso com apenas doze anos? Facilmente poderia ser exposto em um museu. — Acho lindo quando meu pai sente orgulho de mim, pois ele não é daqueles que demonstra com frequência.

— Não tenho certeza se a Mônica vem... — Minha sogra é uma pessoa muito crítica — Então, para evitar que ela fale sobre a tradução dos espaços harmônicos para um ambiente familiar, eu vou trocar os quadros.

— Quê? — Bárbara deu uma risada tão sarcástica que imagino que tenha escorrido veneno pela sua boca. — Eu acho inacreditável que essa mulher seja psicóloga infantil.

— A melhor da cidade, eleita cinco vezes pela revista *People.* — Todos falamos em voz alta, imitando-a.

Era exaustivo ter que ser tão agradável, lidar com o excesso de situações desagradáveis e não surtar. Bancar aquela que cuida de tudo, que não é chata e que satisfaz as vontades de todos é uma tarefa árdua que parece nunca acabar. E, se você sai um pouco da linha, isso é o suficiente para que se torne a culpada. Eu não queria levar a culpa por não ter dado meu máximo.

— Uma vez ela viu meu caderno de desenhos e disse que eu deveria falar sobre isso nas minhas consultas com Dra. Kyara. Porque eles pareciam traduzir sentimentos muito obscuros... Nunca mais mostrei nada a ela. — Na hora que lembrei, dei risada, mas fiquei muito sentida quando ela me falou isso.

— Ela disse isso? — Minha mãe olhou para mim, perplexa. Eu nunca tinha contado porque sabia que ela não gostaria de saber.

— O que você tinha desenhado? Um pênis deformado? — Olho assustada e ouço as risadas do meu pai ao fundo.

— Não, que horror! — Guardo tudo na gaveta. — Desenhei uma porta preta em meio a um jardim de rosas.

— Quem que acha isso feio?

— Prefiro me dedicar a não criar confusão com minha sogra... — Finalizo.

Só que... Sabe o que acontece quando você dá tudo de si e o outro não dá absolutamente nada? **Você se desgasta mais que o necessário.** E, esgotada de fazer dar certo, eu apenas empurrava as situações com a barriga para burlar ou prorrogar o fim. Quando você se dedica muito, torna-se cômodo para o outro estar presente. Afinal, ele não precisa fazer nada.

Isso me resguardava de não sofrer e de não perder os que estavam ao meu redor, pois eu tinha o crédito suficiente como uma pessoa incrível demais para se deixar passar. Por que rejeitar alguém que faz tudo por você? É... Por quê? Porque, às vezes, até o comodismo não nos agrada mais. E isso era o que estava prestes a acontecer.

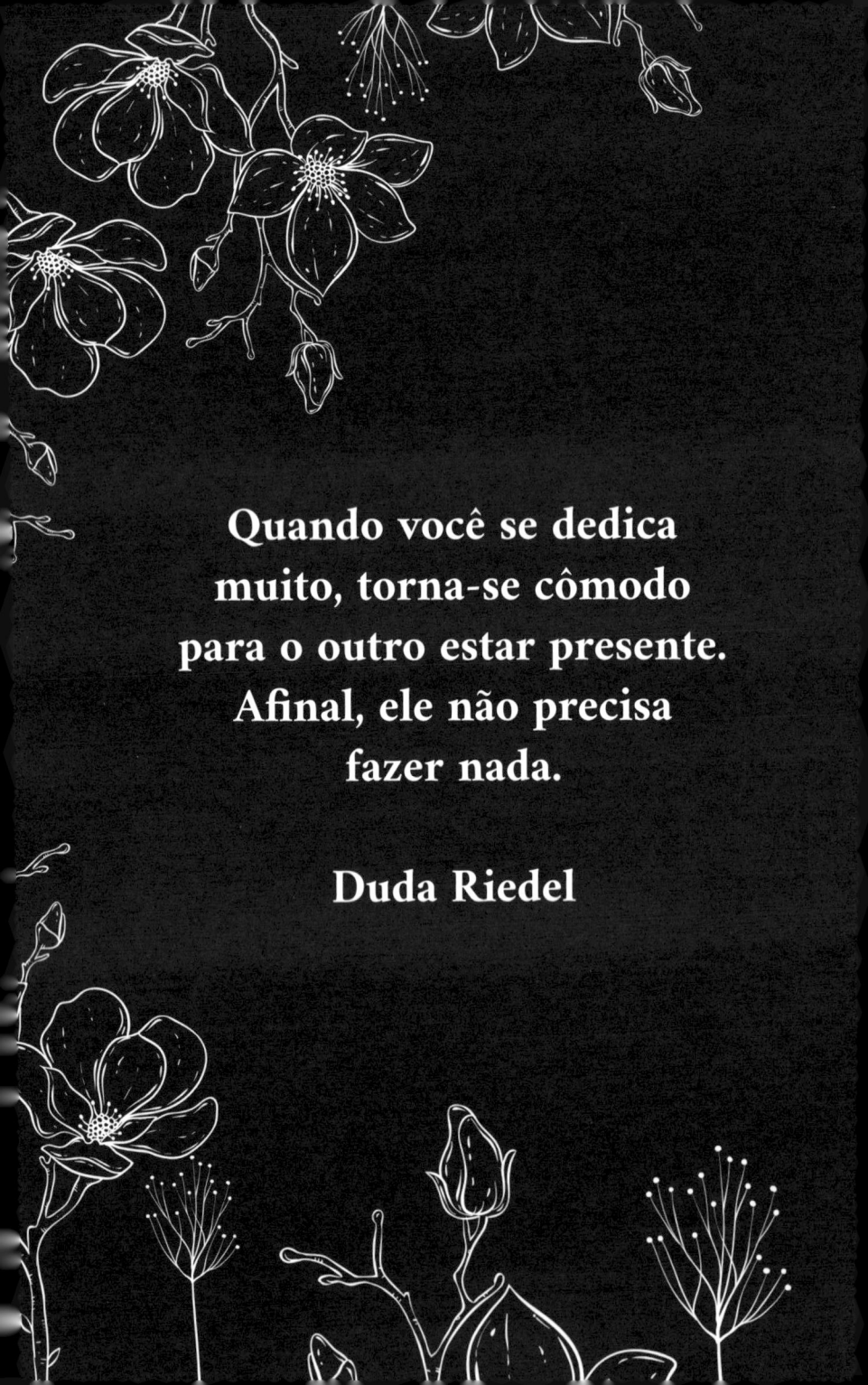

Quando você se dedica
muito, torna-se cômodo
para o outro estar presente.
Afinal, ele não precisa
fazer nada.

Duda Riedel

Já passava das 23h e meu namorado ainda não tinha chegado. Eu já tinha ouvido os mais diversos papos e brigas entre meu pai e minha mãe e já tinha apagado, pelo menos três vezes, as faíscas das discussões dos dois. Nenhum sinal do Guilherme, nenhuma ligação e nenhuma mensagem. Meu ascendente em virgem é cruel e perfeccionista demais para demonstrar que algo estava fora do controle.

Meu celular toca e eu respiro aliviada. Mensagem dele. Olho fixamente para o celular sem acreditar no que li. Respiro. Tento não surtar, mas é em vão. Dou um berro que assusta todos os presentes.

— Amiga, o que foi isso? — Babi sai correndo em minha direção.

— É barata? Vieram esses dias fazer dedetização — meu pai pega uma vassoura.

— Não, pai. É pior. — Sento e começo a chorar.

— É rato, então — rapidamente, Babi sobe em cima do sofá.

— É o Guilherme! — Minha mãe sai correndo da cozinha para a sala.

— O que aconteceu por aqui? — Ela questiona e quase derruba meu bolo no chão.

— A princípio um rato chamado Guilherme fez cagada. Mas nada de novo. O que foi dessa vez? — Ela desce do sofá e puxa a cadeira para sentar comigo.

— Ele mandou mensagem dizendo que não vai vir. — Abaixo a cabeça.

— Como não? — Meu pai pergunta, intrigado — Fala pra ele que eu prometo não comemorar se o Barcelona fizer gol.

— Eu simplesmente não sei o motivo, ele apenas disse "Sinto muito, não consigo ir. Outro dia conversamos".

— Outro dia? Oi? Alguém fala com ele que amanhã é seu aniversário.

— Filha, acho que você deveria ligar, aconteceu algo. O Guilherme não faltaria à sua comemoração a troco de nada. — Verdade, minha mãe estava certa. Pego o telefone e me tranco no banheiro de visitas para ter mais privacidade.

— Alô? — Minha voz já embargava.

— Oi, Madu... — Ouço um cochicho ao fundo. — Me desculpa fazer isso hoje, eu pretendia esperar seu aniversário passar, mas não tem mais nada a ser feito.

— O que você tá falando, Guilherme? Você está louco, só pode...

— Não, eu sinto muito, mas já faz mais de um mês que estamos nessa e... — Corto imediatamente.

— E você achou confortável acabar comigo faltando 42 minutos pro meu aniversário? — Ouço de novo os cochichos dos amigos dele. — Guilherme, você foi influenciado?

— Não, eu só raciocinei melhor...

— Raciocinou com três cabeças a mais? Justo.

— Pela primeira vez em sete anos, eu me descontrolo.

— Vai à merda, Guilherme.

Desligo o telefone aos prantos e me questiono que tipo de aniversário serei obrigada a ter. Será que eu não merecia um término mais honroso? Longe de mim querer bancar a namorada — agora a ex — perfeita. Mas foram sete anos de namoro que acabaram numa ligação de 2 minutos e 37 segundos às vésperas do meu aniversário.

Eu ensaiei esse diálogo por noites a fio, esperando o momento em que um de nós tocaria no assunto de que as coisas estavam um pouco esquisitas. Eu já estava me preparando para uma crise, para brigas ou quem sabe até mesmo para um tempo, mas confesso que eu não estava preparada para um fim. Eu tinha decorado todas as falas, mas, na hora... Eu assumo que me deu um branco, pois, pra isso, eu jamais me prepararia.

E se fosse pra terminar mesmo, eu preferiria ter escrito esse final ao invés de ter deixado ele decidir como seria. E eu teria feito de uma forma muito diferente do que foi, sabe? Muito mais digno, mais respeitoso com o que vivemos e passamos. Acho que, no fundo, o que eu não esperava mesmo é que o meu máximo não fosse o suficiente para reacender nosso tudo.

No fundo no fundo, eu, mesmo com o susto, compreendo que acabou, eu compreendo que chegou ao fim. Mas isso não apaga tudo o que ocorreu nem todas as chamas que restaram. Uma sempre fica acesa e fica se esforçando para reacender as outras. Eu posso afirmar com todas as letras que **o amor realmente não acaba quando termina.**

Nessa hora em que o fim passa como um trailer de filme em nossa mente, todos os erros que já cometi começam a atazanar meus pensamentos. Eu sei que algumas coisas poderiam ter sido diferentes e eu voltaria no passado para consertar tudo. Mas será que ele também faria isso? Ou será que eu sempre teria que salvar nosso amor a qualquer custo?

No fim das contas, talvez eu fique com essas interrogações e incertezas, já que ele foi frio o suficiente para sequer me dar satisfações. E agora, mais do que nunca, eu não posso mais cobrá-las, afinal, ele não me deve mais nada. Então, neste momento eu me sinto como um empregado demitido por justa causa sem sequer saber o que fez. Me sinto largada, humilhada e desrespeitada.

Bem ou mal, eu sempre me impressiono com como as pessoas são egoístas e desumanas, sério mesmo. Ninguém se acostuma com gente ruim. Mas logo o cara com quem eu pensava que iria me casar fazendo uma sacanagem dessas comigo? O ruim mora mais perto do que a gente imagina.

É inacreditável pensar que alguém pode romper sete anos de história com a pessoa que dizia amar por telefone. E ele sequer parecia certo da decisão. Mais parecia algo falado dentro de um diálogo regado a cerveja da pior qualidade. É desleal ser assim. Por que não chamá-lo de fraco? Isso é atitude de gente egoísta que não se preocupa com o sentimento alheio e não mede as consequências de suas ações. Eu estava desolada.

Ouvi a Bárbara bater desenfreadamente na porta do banheiro, mas eu me recusava a abrir. As lágrimas rolavam em meu rosto e eu não conseguia contê-las. Eu me olho no espelho e meu rímel borrado, que a princípio deveria ser à prova d'água, denuncia minha situação. Tento morder as bochechas para conter ainda mais os olhos encharcados, mas também não funciona. Por fim, abro a porta e me lanço nos braços da minha mãe.

Dizem que na vida sempre devemos ter três amores. O primeiro te apresenta o que é amor, o segundo te ensina o que é a dor e o terceiro é o amor genuíno com quem vamos ficar o resto da vida. É difícil pensar que queimei os três cartuchos desse sentimento exclusivamente com o Guilherme.

— Ele é literalmente um babaca, sorte sua que estamos de férias e você não precisa encontrar com ele – modo *melhor amiga revoltada* ativado.

— Francamente, minha filha, nem seu pai... — Ah, não! Briga de ex-casais não...

— Olívia, não me compare a esse rapazinho. Eu terminei com você pessoalmente — lá vamos nós...

— Fui eu que acabei com você e não você com...
— Eu não acredito nisso!

— CHEGA! — Dou um grito capaz de acordar os vizinhos. — Vocês poderiam parar de discutir o relacionamento de vocês dois e focar em mim? — Desabo em lágrimas novamente.

— Claro, filha — finalmente perceberam — podemos começar com esquecer isso e comer seu bolo...

— Eu me recuso a comer bolo sem glúten — saio da sala e corro para o meu quarto. Bárbara vem atrás de mim.

Eu francamente não sei mais nada. Eu deveria procurar no Google um manual sobre o que fazer após levar um pé na bunda do seu namorado (ops, ex-namorado) em pleno aniversário de 20 anos. Certamente vai ter algum conteúdo interessante lá. Mas o que fazer comigo agora, nesse exato momento? Cavar um buraco e me enterrar?

Vai ser difícil suprir essa ausência. Já estava sendo difícil nos primeiros quinze minutos, imagina nos próximos dias, semanas, meses e, quem sabe, anos?

**Superar não é uma tarefa fácil, mesmo a gente sabendo exatamente como essa banda toca. Mesmo sabendo que daqui a uns anos, quando estivermos com outro, vamos rir dessas lembranças e dizer: "que otária, nem precisava de tanto". Só que na hora não tem como, a gente sofre.**

No fundo, não posso ser hipócrita, mas a gente só quer que as coisas voltem a ser como antes. É mais fácil reatar o namoro. Isso pouparia nossos futuros sofrimentos e questionamentos do tipo "como será daqui pra frente?". Ajudaria bastante se houvesse um botão que apagasse tudo o que aconteceu e fizesse um *detox* nas nossas lembranças. Não existe, então cabe a nós seguir os próximos passos.

*Mas quais são eles????*

Desconheço casais que nunca tenham passado por crises, brigas ou indecisões durante o relacionamento. **Longos anos juntos trazem consigo grandes desafios.** As pessoas mudam no decorrer da vida e às vezes a relação a dois não consegue acompanhar esses movimentos internos. Isso faz com que alguns se afastem e sigam caminhos opostos. Porém, o apego ainda impera e faz com que você se mantenha estático nesse comodismo que o namoro propõe.

Relacionamentos são construções de laços e não de nós cegos que não conseguimos romper. Esses laços nos acompanham no nosso dia a dia, mas aos poucos, criamos a falsa ideia de que eles são fortes o suficiente para passarem por tudo sem se desfazer. Só que sabemos que não são.

Com o passar dos anos, nos acostumamos cada vez mais com a comodidade que o relacionamento promove e não cogitamos a possibilidade de que ele se rompa. Mas laços se rompem, sim.

Quando esses laços terminam, dificilmente conseguimos reverter a situação. Aí a frustração é combinada com o desencantamento de descobrir que o relacionamento não era tão sólido assim. Ele não era um nó, era apenas um laço. Meu namoro podia até ser concreto, mas até um concreto pode ser destruído com a força de uma britadeira. Nada é invencível ou inabalável nessa vida.

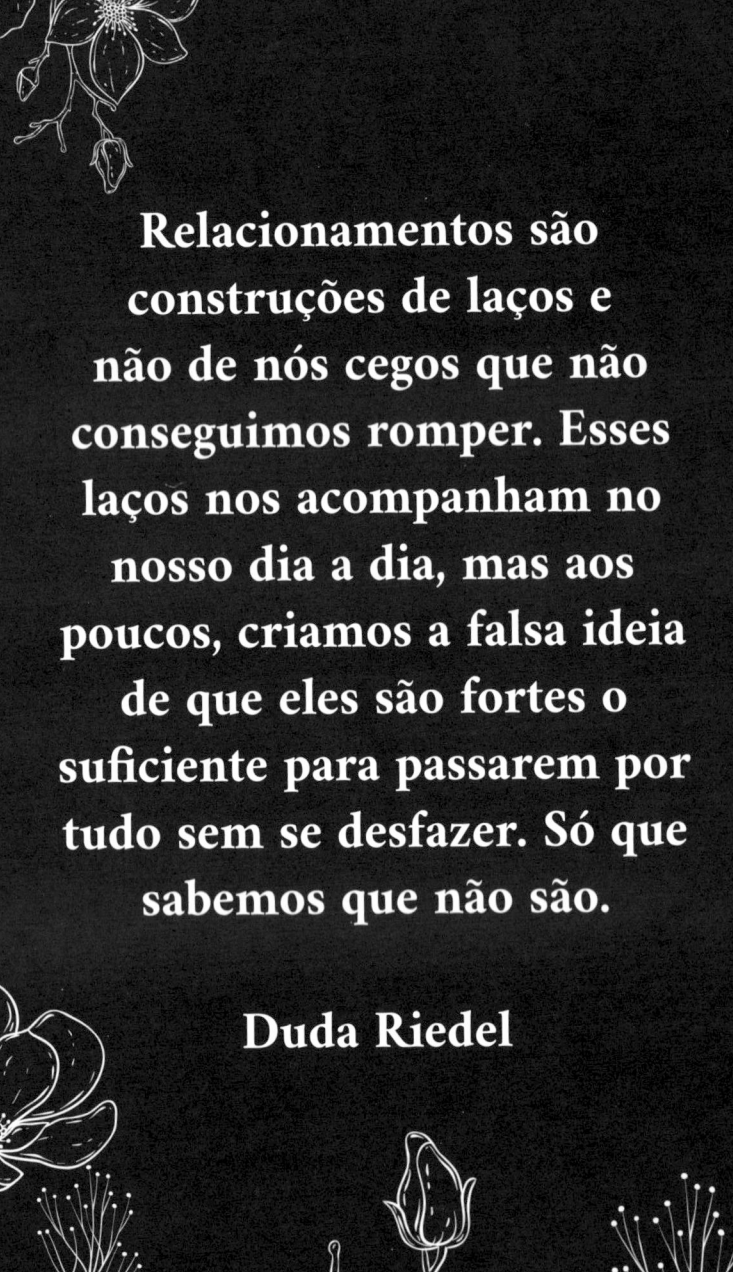

Relacionamentos são construções de laços e não de nós cegos que não conseguimos romper. Esses laços nos acompanham no nosso dia a dia, mas aos poucos, criamos a falsa ideia de que eles são fortes o suficiente para passarem por tudo sem se desfazer. Só que sabemos que não são.

Duda Riedel

Já faz uma semana desde o fim. Eu não saí do quarto. Minha mãe achou que seria bom marcar uma consulta com minha terapeuta. É hora de comunicar a Dra. Kyara sobre o fim do meu relacionamento. Acredito que ela pode estar me esperando nesse momento com uma boa garrafa de champanhe da melhor qualidade.

— E basicamente foi assim que terminamos — seguro o choro para tentar mostrar que eu estava bem.

— Você pode chorar se quiser, Madu. — Ok, obrigada pela permissão, agora a torneira se abriu. — Como você se sente agora?

— Ah não, francamente? Você jura que vai se reduzir a esse clichê psicológico de saber exatamente como eu estou me sentindo e ainda assim perguntar? — Eu sei que no fundo ela estava feliz com isso.

— Exatamente, eu sei como você se sente, mas acredito que você não saiba tanto assim sobre você. — *Essa doeu.* — Sabe, Madu, as pessoas sempre acham que os outros devem amor a elas. E sempre precisamos de alguém que nos ame para afirmar a falta de amor que nós damos a nós mesmas.

— Você quer dizer que eu não me amo?

— Eu quero dizer que você não dá o amor necessário, o amor que você merece, e aceita o mínimo para se satisfazer.

Então é isso. Acabou. Choros, lágrimas, vazio. O que mais eu poderia esperar de um momento como esse? Eu sequer tinha cogitado essa possibilidade antes. Eu nem consigo definir o que eu sinto. Breu? Escuridão? Ninguém consegue ouvir meus gritos internos e meu ar de completo desespero por não saber o que eu vou fazer agora?

Não é a coisa mais fácil do mundo levar um pé na bunda do seu namorado depois de sete anos juntos. E se torna um tanto quanto mais difícil quando eu paro pra pensar que foram sete anos jogados no lixo ao lado de uma pessoa que — pasme — percebo que nem amava *tanto assim*. Mesmo diante disso, eu não consigo esquecer.

Bem, podemos resumir tudo com um "agora você será solteira". Parece simples, mas impossível. Alguém pode me explicar como isso funciona? Porque não é simplesmente um status de relacionamento, é muito mais do que isso. É sobre como eu me sinto no momento. Eu me sinto desolada. É como se uma parte de mim tivesse acabado junto com o fim do nosso amor.

E ainda te digo mais: o fim do nosso amor não existe, porque eu ainda o amo. Ou pelo menos acho que amo. Preciso ter certeza na minha próxima consulta. Então se torna mais complexo ainda. É que uma parte de mim morreu com nosso namoro, mas o corpo não foi enterrado, sabe? Ele ainda está lá e eu consigo sentir o cheiro dessa relação apodrecendo. Eu não estou preparada pra enterrar nosso relacionamento.

Se a gente colhe o que a gente mesmo planta, porque às vezes parece que estou na plantação errada? Eu sempre fui uma ótima namorada, uma ótima nora, uma ótima cunhada. Depois que o Guilherme acabou comigo, nem telefonema de parabéns recebi dos pais dele. Quanta ingratidão.

**Superar é um processo longo que exige dedicação, esforço e disciplina. E não é sobre esquecer, é sobre alcançar o objetivo de se lembrar dele sem chorar.**

No momento eu não consigo sequer imaginar como posso viver daqui pra frente sem ele. Se pé na bunda fosse tratado em hospital, certamente seria necessária uma dose de morfina pra conter a dor. Sim, dói muito. É igual quebrar um osso, mas o que se destrói é nosso coração. A dor é precisa, como uma pontada que nos desnorteia e nocauteia nosso corpo. A gente tenta fazer malabarismo com a tristeza pra driblar os sentimentos e não parecer tão mal, mas não tem jeito. Aparece de novo, e a gente chora de novo e fica mal de novo.

Eu assumo que acho admirável quando vejo esses famosos dando entrevistas ao se separarem e dizendo "Terminamos bem, continuamos nos amando, mas de outro jeito". Será possível acabar um relacionamento e não se afundar em lágrimas? Eu já me via entrando na aula de Macroeconomia e atirando minha apostila na cara do Guilherme.

Já que minha rotina foi arruinada e eu não estava disposta a enfrentar tudo e organizar uma nova, era mais fácil ficar no meu quarto de luz apagada. Só que uma hora essa luz teria que se acender, eu não posso me afundar pra sempre no fracasso de um namoro que não deu certo. Eu não posso ficar na escuridão eterna. Sendo assim, eu espero pacientemente essa dor passar e tento me reerguer com o que restou.

Uma hora minha vida terá que seguir, não sei por onde e nem pra onde, mas é necessário. Como não sou experiente no quesito término, fiz o que sempre acompanhei minhas amigas fazendo: mãos à limpeza. Acho que a primeira atitude de uma mulher de coração despedaçado é jogar fora as memórias do ex com um fundo musical de trilha sonora sertaneja. Portanto, me adiantei nessa missão clichê.

Eu tento me distrair de todas as maneiras, mas a imagem dele sempre retorna pra minha mente. Começo a arrumar meu quarto para tirar um pouco o foco dele, mas a todo momento ele volta para a minha memória. Abro uma das gavetas e encontro vários papéis antigos. Sou uma colecionadora de coisas que nunca usei, mas sempre acho que vão servir algum dia.

Abro uma pasta com alguns documentos e acho o exercício que Dra. Kyara me passou assim que meus pais se divorciaram. *É isso!* Um pouco amarelado devido ao tempo, mas ainda consigo ler. Era uma tabela do **conjunto de dores**, aqueles que aparecem no momento do acontecimento que nos machuca. O primeiro contato com o sofrimento Essas angústias e mágoas são o início da frustração e são elas que desencadeiam todas as nossas ações e reações seguintes.

# CONJUNTO DE DORES

| | |
|---|---|
| **DOR 1** | EGO FERIDO POR ELE TER ME DEIXADO. |
| **DOR 2** | RAIVA PELA MANEIRA COMO TERMINOU... |
| **DOR 3** | TRISTEZA POR TER ME SENTIDO ENGANADA |
| **DOR 4** | NÃO SABER O QUE SERÁ DAQUI PRA FRENTE |
| **DOR 5** | SENTIMENTO DE COMPLETO VAZIO |

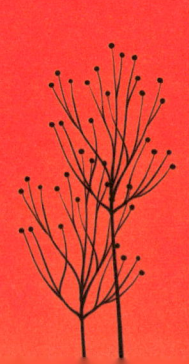

# CONJUNTO DE DORES

| | |
|---|---|
| **DOR 1** | |
| **DOR 2** | |
| **DOR 3** | |
| **DOR 4** | |
| **DOR 5** | |

## EXPERIMENTE FAZER COMO EU!

O que restava de nós estava nessas frases cobertas de raiva, mas genuínas de sentimentos. Eu estaria mentindo se dissesse que o esqueci depois de enumerar tantas dores. Não esqueci. Depois de completar esse quadro, me senti um pouco mais aliviada. Não mudava nada, mas também não era de todo ruim. Agora eu podia pelo menos dar nome para cada sensação que eu vivenciava.

**Queremos esquecer nosso ex-amor tão rápido que nos esquecemos da jornada necessária para que isso aconteça.**

Sabe o que eu descobri depois de me dedicar a esse momento de tradução de sensações? Que no final das contas é sobre isso mesmo, entende? **Saber administrar e ter controle das suas percepções.** Esse é um daqueles passos que evitamos dar por medo de lidar com nossas emoções, mas é essencial para reconhecê-las.

Constantemente eu ouvia das minhas amigas o quanto o Guilherme era um completo idiota. Ele nunca me traiu (pelo menos, não que eu saiba), nunca foi desrespeitoso nem abusivo. Eu não conseguia entender o porquê de elas o acharem tão banana. Mas hoje já faz sentido.

Quando estamos estáticas nós não notamos que os outros estão anos-luz à nossa frente. O Guilherme não era nenhum príncipe por fazer o mínimo que se deve em uma relação. É justamente sobre isso, ele era apenas *ok*. Eu fiquei satisfeita com esse "ok" dele e achei que seria o suficiente para me satisfazer. O pouco que ele era já se tornava tudo pra mim, afinal, eu não tinha nada.

Repeti tanto para mim mesma que tudo ia ficar bem que me recuso a acreditar que não vai ficar. Tento fugir desses pensamentos negativos que sempre surgem e me atormento com as incertezas que ainda estão por vir. Definitivamente vamos abrir as portas para receber o luto, pois agora posso afirmar que eu já consigo aceitar o término.

# REGUE PARA BROTAR

Eu espero que você se conforme. Se conforme com o fato de que nem sempre o seu melhor vai ser suficiente pra quem não quer nada de você.

**Duda Riedel**

# • CAPÍTULO 3 •

Quando conheci o Guilherme, nós tínhamos apenas 13 anos. Ele morava perto da casa do meu pai e era o típico garoto errado por quem nos apaixonamos nos filmes. Eu tinha uma paixonite por ele e, mais do que isso, eu sonhava em mudá-lo para melhor. Tornar o Guilherme uma pessoa boa, mais estudiosa, menos danada era minha obrigação. Eu basicamente estava fazendo um serviço de *Supernanny* para a mãe dele.

Acho que toda mulher tem um pouco desse espírito de fada madrinha. Sonha em transformar seu amado em um homem melhor e, com isso, fazer parte dessa transformação. No entanto, ao dedicarmos a nossa atenção para ajudar na desconstrução do outro, nós deixamos de lado a tarefa da autoevolução. Estamos tão focadas em agregar na vida do queridíssimo que fugimos da nossa própria missão. **Nos colocamos para escanteio.**

Em decorrência disso, o óbvio acontece: não nos valorizamos, perdoamos suas inúmeras falhas, toleramos seus erros e insistimos em acreditar que tudo vai mudar. Só que não muda. E, por fim, acreditamos que somos as culpadas por não ter dado certo.

Eu sei, eu fui extremamente disponível para o Guilherme em 100% do nosso relacionamento. Mas ninguém recebe um guia prático, uma bula ou um manual antes de começar a se relacionar. Eu fui ingênua, mas, mais do que isso, eu fui dependente dele e do amor que ele oferecia.

Se eu for buscar a fundo a raiz do problema, é claro que o final do meu namoro seria como foi. Não tinha como ser de outro jeito, porque eu me abandonava desde criança para satisfazer vontades que não eram minhas. E fiz isso durante toda a separação dos meus pais e todo o nosso relacionamento. Foi aí que eu comecei a identificar os motivos pelos quais o meu namoro tinha sido tão arruinado. *Afinal, se eu não era suficiente para mim, como bastar para alguém?*

Eu nunca tive uma vida exclusiva minha, sabe? Sempre vivi muito de agradar os outros, de me satisfazer com o que tinha e de não correr atrás do que eu queria. Eu sempre estive disponível para quem precisasse. Isso não é saudável. Eu não tinha nada mais de interessante acontecendo na minha vida, pois eu não tinha vida. Eu tinha vida de casal.

Sempre ouvimos que o amor soma, mas se apenas um acrescenta e o outro não deposita nada, isso não é amor. Um homem só se mantém apaixonado quando ele consegue te conquistar a cada dia. Mas, se você já estiver completamente entregue, ele não tem o que fazer. É na ausência que sentimos o quanto uma pessoa faz falta. Se estivermos por perto o tempo todo, não sobra lugar para a saudade.

Eu naturalmente não criava um espaço entre nós, pois eu não suportava o vazio de me sentir sozinha. Mas ficar sozinha não deveria ser desesperador, ao menos que você não tenha nada a se oferecer. Só nos sentimos desconfortáveis quando estamos com estranhos. Será que eu era uma completa estranha pra mim? **Infelizmente, sim.**

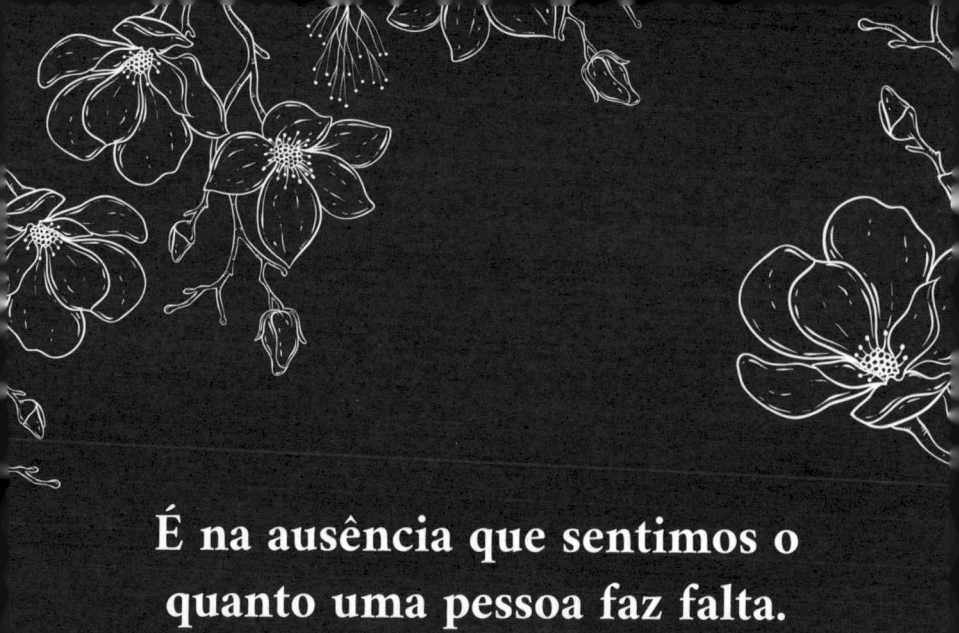

É na ausência que sentimos o
quanto uma pessoa faz falta.
Se estivermos por perto o
tempo todo, não sobra lugar
para a saudade.

Duda Riedel

Eu preciso me preencher de mim mesma, do contrário eu procurarei sempre lá fora o que me falta por dentro. Ficamos viciados em depender do amor alheio e se torna cada vez mais difícil perceber o quanto isso pode ser problemático para nossa autoestima, para nossa autoconfiança e para nosso amor-próprio.

Sabe quando você vai a uma sorveteria com a ideia fixa de tomar sorvete de chocolate, mas, quando chega lá, está em falta? A vontade é de voltar pra casa. Mas, para não perder a viagem, você pede qualquer outra coisa. Fica feliz com o novo sabor? Não. Mas se dá por satisfeita.

Eu percebi aos poucos que meu namoro não era mais algo que me envolvia amorosamente, e sim algo que me satisfazia pessoalmente. Era interessante ter com quem conversar, dividir meus pensamentos, alguém para passar o final de semana comigo, alguém sempre disponível para me acompanhar. O mais insano nessa história é notar que durante anos eu não percebia que estava infeliz porque tudo era altamente cômodo.

Eu via minhas amigas ficando com uns caras tão lixos quando eu namorava o Guilherme. Isso me revoltava. Uma vez apresentei um amigo dele pra Babi na intenção de melhorar o currículo amoroso da minha amiga e me arrependi amargamente.

O amigo em questão foi o Felipe. Ele era super-inteligente, boa pinta, simpático e divertido. Na minha cabeça seria um ótimo partido para a minha melhor amiga. Eles começaram a ficar na época das festinhas de formatura do terceiro ano. Em toda festa eles acabavam juntos. Uma vez a Babi chegou atrasada em uma delas porque a sua mãe tinha batido o carro. Ele simplesmente ficou com outra menina. Eu fiquei revoltada e comentei com o Guilherme, que disse:

— Mas eles estão apenas se pegando.

"Se pegando"... Ele fala como se fossem dois animais! Mas não era assim. Eles estavam ficando há pelo menos três semanas, toda sexta e sábado. Conversavam por mensagem e até tinham ido juntos a um churrasco de um amigo dos meninos. Quer dizer então que ele a via apenas como uma marmita de formatura? *Inacreditável.*

A Babi ficou muito chateada na época e prometi a mim mesma que nunca mais deixaria minhas amigas se envolverem com qualquer espécie de amigo do Guilherme. E ainda tirei satisfação com meu namorado sobre essa atitude do "parça" dele, porque achei o cúmulo.

Sabe o que ele me disse? Que a Babi tinha se iludido sozinha. Ah, ok! Você fala todos os dias com a pessoa, fica com ela periodicamente todas as sextas e sábados, apresenta para os amigos, mas quem se iludiu sozinha foi ela. *Ah, tá.* Então, para completar, ele disse que ela sempre tinha sido muito disponível e que o Felipe ficava com ela na hora que ele quisesse. No momento eu não entendi muito bem, mas hoje eu entendo: estar sempre disponível é não se priorizar e priorizar as vontades da pessoa com quem você está.

Infelizmente, alguns caras tratam relacionamento como um jogo. Nós, por outro lado, vamos nos entregando à medida que nos envolvemos. Depois de um tempo, quando acreditamos ter confiança, mostramos todas as cartas a eles a fim de acabar com a partida, mas eles vão lá e se aproveitam da nossa fragilidade para vencer. *Xeque-mate*. Uns babacas, né?

E no meu caso, será que foi isso que aconteceu? Em partes, sim. Mas não porque eu mostrei todas as cartas e sim porque eu sempre fiz o mesmo jogo. Eu cansei de me dar valor e sempre deixava que ele ganhasse. O jogo era óbvio. Relacionamentos não são sustentados só por amor, muito menos por obviedades.

O amor não é um único sentimento, ele é o conjunto de várias sensações. As principais, mais clássicas, são: **respeito, confiança, admiração, tesão e amizade.**

Dizem que depois de um tempo o amor vira cumplicidade, que namoro e casamento não são fáceis e não devem ser romantizados. Não são feitos de rosas, pelo menos não todos os dias, e em alguns há espinhos por toda parte. Há fases e fases.

Pois bem. Eu tinha respeito, confiança, carinho, amizade e tesão pelo Guilherme. Tudo bem que nosso sexo nunca foi feito de acrobacias incríveis, afinal, eu sempre tive um pouco de vergonha de inovar e de parecer um cover ruim de pornôs da internet. O sexo era bom, mas, preciso confessar, tinha se tornado um pouco ensaiado. Como uma peça de teatro interpretada no automático. Também acredito que isso de tesão varia de momento a momento. Então, se eu tinha basicamente todos os ingredientes para o relacionamento... Por que ele terminou?

Porque existe um sentimento oculto que poucos reconhecem no relacionamento amoroso e que deve vir em doses moderadas. Se colocado demais, envenena. Se colocado de menos, não ajuda. Ele deve ser equilibrado. **Esse é o sentimento de liberdade.**

# JOGUE FORA AS FOLHAS SECAS

Faça-se um favor: não desvalorize seu amor. Não pense que você merece menos do que já tem. Quem nasceu para ser oceano não se contenta com uma gota só.

Duda Riedel

# • CAPÍTULO 4 •

Dizem que o fim pode ser a melhor oportunidade da sua vida. Eu sei que na hora parece uma vala onde não conseguimos enxergar o chão. Eu também me sinto assim. Mas não existe nada melhor do que ter a possibilidade de iniciar algo novo. E nós só podemos começar algo quando outro algo termina.

Primeiramente nós lutamos contra esse sentimento de perda, depois aceitamos que ele existe, por fim convivemos com ele... Até que um dia ele não nos pertença mais. O segredo talvez seja justamente esse: enfrentar a dor e dominá-la.

**A superação não é feita apenas de conquistas, e sim de tentativas de desfrutar de nossas vitórias. É preciso ter paciência e não desistir. É necessário trocar o medo de seguir em frente pelo mistério do que há por vir.**

Não adianta pular a parte ruim e curtir a boa. Mesmo que existisse um botão pra isso, não valeria a pena. É necessário sofrer um pouquinho também pra criar resiliência, mas, acima de tudo, pra aprender de uma vez por todas que nós valemos mais do que um namoro que não deu certo.

Você sabia que isso acontece com todo mundo? É algo tão natural quanto prender o dedo mindinho na porta. Embora você sinta que é a pessoa que mais está sofrendo por amor no planeta, provavelmente existe alguém, em algum lugar, exatamente como você: levando um fora e se lamentando. Sim, eu sou bem racional nesse ponto.

Embora seja normal, cada um encara de uma maneira. Eu, por exemplo, sei que vou demorar a ficar bem, mas, custe o tempo que custar, eu vou conseguir superar. Superação não é sobre ficar bem logo, e sim sobre não desistir de ficar bem, independentemente do tempo que levar.

À medida que eu for superando, eu também vou me esquecendo dele e me amando mais. Eu sei disso, *eu sinto isso.* Apesar de nada fazer sentido no momento, uma hora essas peças se encaixam. É como um quebra-cabeça de dez mil peças que parece não terminar. Uma hora aquela peça que você não fazia ideia de onde colocar fecha todo o desenho.

E, pensando em longo prazo, superar não é apenas uma conquista pessoal, é ter disposição para o aprendizado e o autoconhecimento. Afinal, é fácil retornar para o que te machucou, mas nós estamos dispostas a fugir de quem nos feriu. Eu não sei você, mas eu estou preparada para a bonança da superação.

Agora eu iniciei o meu processo de aceitação. Não de aceitar perdê-lo e de ser feliz assim, mas aceitei que terminamos e agora é essa minha nova vida. Acho que agora, mais do que nunca, eu compreendo que talvez seja melhor dessa maneira.

Ser solteira não é apenas um estado civil que você assina em documentos importantes, é um estilo de vida que eu não conheço há mais de sete anos. Não é só sobre não ter um parceiro, é uma mudança drástica de rotina, são rompimentos que vão além de duas pessoas.

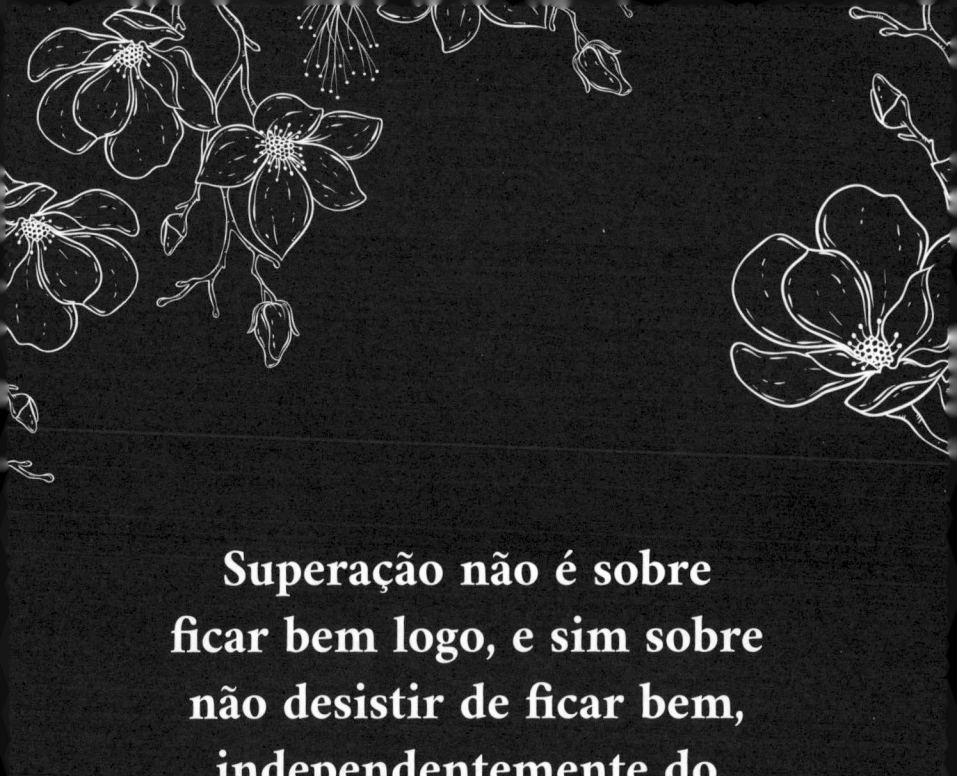

Superação não é sobre
ficar bem logo, e sim sobre
não desistir de ficar bem,
independentemente do
tempo que levar.

Duda Riedel

Sinto falta dele, não vou mentir. Sinto falta de saber como ele está. Antes eu sempre encontrava meu namorado, mas já não tenho mais planos para os finais de semana; ele me mandava mensagem todos os dias às 8h da manhã, e já não tenho mais mensagens de bom dia quando acordo; toda noite, após o jantar, nós fazíamos uma chamada pelo FaceTime, mas já não tenho ninguém para ligar e contar o que fiz hoje. Eu não tenho mais um namorado, e também não tenho mais a rotina que tínhamos juntos.

Aprendi que devo saber cuidar das minhas cicatrizes para que elas não infeccionem. Mas o que fazer com as feridas abertas que ficam no coração? E a vontade louca que sentimos de ligar e saber como a pessoa está, o que ela anda fazendo, se tem novidades? Como cicatrizar algo que parece se contaminar o tempo todo com informações? Não dá pra colocar *Band-Aid* em cortes profundos.

É difícil ter notícias apenas através de fotos rasas em redes sociais. Eu me pergunto se ele ainda pensa em mim, se ele se importa em saber como eu estou ou se em algum momento do seu dia o meu rosto vem à sua mente. Guardo essas perguntas dentro de mim, pois sei que não tenho como saber as respostas. O que resta é lidar com o desconhecido de não saber da vida de quem um dia já foi tudo pra mim.

É patética essa necessidade que temos de querer saber de quem não está nem aí pra gente. Ficamos

atentas a qualquer mínimo sinal que indique que ele ainda nos ama e que tudo foi só um delírio. "Já, já ele aparece" — é isso que esperamos, não é? Mas não é isso que acontece.

Já prometi a mim mesma que não vou ceder às minhas vontades loucas de procurá-lo. Indico que você faça o mesmo caso esteja passando por algo parecido. Não vale a pena, a gente só se decepciona. E ninguém merece completar o álbum de figurinhas de mulher mais trouxa do ano.

Acho a internet a melhor invenção do século. Mas ela é amaldiçoada quando estamos na função "recém-solteira em busca de esquecer o ex-namorado". Me poupe. O Guilherme nunca foi de postar nada, mas agora ele começou a colocar foto de copo de cerveja em plena terça-feira na sua página. O homem hétero é muito previsível.

Quando eu via minhas amigas sofrendo porque o cara de quem elas gostavam fazia questão de mostrar que estava solto na pista, eu as julgava por serem tão maravilhosas e se renderem a garotos com tão pouco potencial. *Acho que o jogo virou.*

É... Parece que, ao se tornar um cara solteiro, é importante que você seja fiel a três estereótipos:

1. Mostre toda a sua rotina na internet e inclua bebidas, festas e bares para se tornar mais atraente.

**2.** Seja extremamente estúpido e egoísta sem se importar em como sua ex-namorada vai se sentir ao ver isso.

**3.** Saia com todas as pessoas de quem sua ex-namorada tinha ciúmes, mas você jurava que era coisa da cabeça dela.

Sim, logo depois que eu vi a foto do Guilherme no bar às 17h37 de uma terça-feira, a maldita internet me mostrou que a Carlinha estava com ele. Carlinha foi a menina de quem eu mais senti ciúmes durante o namoro. Ela sempre era motivo de discussões e já foi inclusive pauta em sessões com Dra. Kyara. Sessões essas que custam um terço do meu salário de estagiária. *Acho importante ressaltar.*

Então, como eu dizia, a internet é incrível, mas também pode ser uma droga. Tinha chegado o momento de usar alguns recursos da internet a meu favor. Caso contrário, ela me arrasaria. Silêncio. Completo e total silêncio. Com apenas um botão, eu poderia banir o meu ex-namorado da minha vida virtual. Seria bom se isso também acontecesse no mundo real.

Já pensou: ejetar o ex para outra galáxia onde não podemos ter acesso a informações sobre ele e apenas viver sem essas lembranças que tanto nos machucam?

✔ Silencio os stories? Ok.

✔ Silencio as publicações do feed? Ok.

✔ Apago todas as mensagens do WhatsApp para que eu não fique relendo e sofrendo com isso? Ok.

✔ Apago o número dele que eu, infelizmente, sei de cor? Ok. Espero que minha mente também esqueça em breve.

✔ Silencio todos os amigos dele e pessoas que podem me fazer sofrer? Ok.

Acho que a desintoxicação faz parte desse momento. É importante se abster dessas informações traiçoeiras, que não contribuem com nossa superação. Não ter notícias é ótimo, pois assim nossa mente vai desapegando e, aos poucos, sem percebermos, aquele alguém deixa de ter vez nos nossos pensamentos.

**Perder o interesse é
fundamental pro coração
entender que não pode palpitar
por gente errada.**

# PREPARANDO O TERRENO

Recomeços são cruéis porque normalmente vêm acompanhados de um doloroso fechamento de ciclo. Vamos encerrar um capítulo que muitas vezes não queremos encerrar.

**Duda Riedel**

# • CAPÍTULO 5 •

Postergamos aquele fim porque nos prendemos à ideia de tentar novamente e andamos em círculos para não dar um basta. Mas uma hora chega o momento em que não há saída, a não ser acabar. Pôr um ponto naquilo que não rende mais e se entregar ao novo.

Dói, não vamos mentir, mas a dor de insistir em algo que não faz mais sentido é muito maior. No início o recomeço é um pouco assustador e incerto, mas ele é o único meio que temos de nos reconstruir e nos reerguer. **O mais perfeito caminho para seguir em frente é dar o primeiro passo.** Sejamos fortes ao mergulhar de cabeça no desconhecido. Assim, quem sabe, nossa vida troca a vibração que não faz mais nossa alma pulsar.

Dois meses já haviam se passado. Havia dias em que eu sequer me lembrava dele. Eu seguia minha vida como se ele nunca sequer tivesse existido, mas bastava um suspiro de algo que me remetesse à sua imagem pra que eu caísse em prantos. Era um tormento. Acontece que somos humanos e, às vezes, burlamos as regras que nós mesmos nos impomos.

De vez em quando dava uma vontade de ir atrás de mais informações. Apesar de bloqueado nas redes sociais, ele ainda seguia com caminho livre dentro dos meus pensamentos e eu precisava controlar isso. Quando o rosto dele surgia na minha mente, imediatamente se acendia a vontade de procurá-lo. Nessas horas, a gente segura a mão com força para não pegar o telefone e ligar implorando pra voltar.

É difícil suportar a ausência. É difícil ouvir aquela música e não se lembrar dos momentos vividos. A saudade causa um vazio que tem que ser preenchido com novos sentimentos, senão nos rendemos à tentação. As lembranças nos traem porque fazem questão de afirmar como foi bom. E aí, quando vemos, já estamos entregues ao que deveria ter sido evitado.

Eu sei disso porque acompanhei inúmeros términos das minhas amigas. Elas chegavam chorando, arrependidas de terem mandado mensagem pros ex-namorados depois de terem pensado neles. Após o envio, elas se tocavam do óbvio: eles não estavam nem aí pra elas. Recebiam mais uma confirmação do que elas já tinham certeza. Não vale a pena se humilhar por ninguém.

Egoísmo é um hábito necessário na árdua tarefa da superação. Quem diria que a pessoa mais contrária a essa forma de viver viraria a própria professora de individualismo. Mas é preciso se amar excessivamente para não ceder aos devaneios e estragos que as boas memórias nos causam. É imprescindível se priorizar até perceber que não se trata apenas de ter autoestima: essa é uma atitude de valorização pessoal.

Orgulho, nesses casos, não é defeito, é o que te sustenta e te impede de se dilacerar por um romance que te maltrata. Eu era orgulhosa demais pra enviar algo pro Guilherme, mas sou humana e vivi sete anos ao lado dele. Claro que essas vontades surgiam o tempo todo e, muitas vezes, eu sentia que não conseguiria segurar. Então, metódica como sou, resolvi criar um questionário para responder sempre que o desejo batesse.

É imprescindível se priorizar
até perceber que não se trata
apenas de ter autoestima:
essa é uma atitude de
valorização pessoal.

Duda Riedel

*Duda Riedel*

# QUESTIONÁRIO DA DESINTOXICAÇÃO

**1.** ESSE RELACIONAMENTO JÁ ESTAVA TE FAZENDO MAL ANTES DE TERMINAR? POR QUÊ?

**2.** VOCÊ ESTAVA SE DESPERDIÇANDO COMO SER HUMANO PARA VALORIZAR ESSA PESSOA? JUSTIFIQUE.

**3.** VOCÊ SE COMPROMETE A SUPERÁ-LA E A SEGUIR EM FRENTE?

**4.** VOCÊ TEM CONSCIÊNCIA DE QUE BUSCAR INFORMAÇÕES SOBRE ELA SÓ VAI TE MACHUCAR?

**5.** LISTE 10 COISAS PARA FAZER SEMPRE QUE SENTIR VONTADE DE PROCURÁ-LA, DE FALAR COM ELA OU DE LIGAR PARA ELA.

| TAREFA 1 | LIGAR PARA MINHA MELHOR AMIGA |
|---|---|
| TAREFA 2 | LER UM LIVRO |
| TAREFA 3 | ASSISTIR UM FILME |
| TAREFA 4 | FAZER UM BOLO |
| TAREFA 5 | HIDRATAR MEU CABELO |
| TAREFA 6 | IR AO SHOPPING |
| TAREFA 7 | TERMINAR UM TRABALHO DA FACULDADE |
| TAREFA 8 | JOGAR BARALHO COM MEU PAI |
| TAREFA 9 | FAZER UMA CAMINHADA |
| TAREFA 10 | ASSISTIR VÍDEOS ENGRAÇADOS NO YOUTUBE |

| TAREFA 1 | |
|---|---|
| TAREFA 2 | |
| TAREFA 3 | |
| TAREFA 4 | |
| TAREFA 5 | |
| TAREFA 6 | |
| TAREFA 7 | |
| TAREFA 8 | |
| TAREFA 9 | |
| TAREFA 10 | |

**EXPERIMENTE FAZER COMO EU!**

Aprendi a controlar minhas vontades e a me respeitar. É incrível como, ao responder a poucas perguntas, já nos damos conta de que estávamos em uma furada e não percebíamos.

Depois de me dedicar a essas questões e à criação dessa listinha, era impossível me render às tentações de mandar um "oi, saudades, vamos voltar?". E, mesmo que a vontade batesse — pois sabemos que ela bate —, eu tinha algo concreto que me provava que "ei, você não deve ir atrás dele".

Eu sabia que ainda o amava, mas eu não podia deixar esse amor contaminar o pouco de amor-próprio que ainda me restava. Eu precisava ser forte o suficiente pra entender que, **mesmo querendo-o muito, eu deveria me querer mais.** Foram muitos anos desfazendo minha vida para construir a nossa. Foi muito tempo pegando sempre o segundo lugar quando eu deveria, na verdade, estar em primeiro.

**Terminar um relacionamento amoroso é começar imediatamente um relacionamento consigo mesma. Enquanto você tenta esquecer quem te deixou, você também começa a buscar mais de você. É como buscar algo que você perdeu e encontrar outra coisa, que você nem sabia que estava procurando.**

Ao despertar para a vida de solteira, você também acorda para a busca de autoconhecimento. Elas andam lado a lado. E, ao focar mais em você do que no seu ex-amor, você nota que a superação se torna mais fácil e um tanto quanto provocante. Se conhecer é um tremendo desafio.

### Se conhecer depois de se perder por alguém é uma batalha ainda mais intensa.

— E então, como está essa vida de solteira? — Babi entrou no quarto e me deu um saco de cenouras com molho *tasty* do *McDonald's*.

— É como essa cenoura, sem graça... — Dou risada.

— É porque você estava conformada em só pedir isso. Quando a gente prova coisas novas, percebe que existem outras possibilidades — ela me entrega uma batatinha.

— Mas, sabe quando você está comendo a batatinha e mesmo assim se pergunta por que não gosta mais da cenoura? — Essas metáforas eram engraçadas, mas faziam sentido.

— Não é que você não goste da cenoura, é que você não gosta mais tanto assim. Não há nada de errado com ela, ela continua sendo a mesma cenoura de antes, mas agora você quer outra coisa — *é exatamente isso.*

Eu não sei se todos se sentem assim após o término, mas, mesmo sabendo que eu tinha feito tudo o que estava ao meu alcance, ainda restavam resquícios de culpa. Eu me sentia altamente culpada por não termos dado certo, por não termos ficado noivos em Fernando de Noronha, por não termos nos casado na igreja com o vestido branco que salvei em uma pasta do *Pinterest* e por não termos passado nossa lua de mel em Bali. Eu achava que EU tinha arruinado tudo.

E talvez eu carregasse mesmo essa culpa. Se eu tivesse feito algo diferente, se eu tivesse me dado o devido valor, se eu tivesse me esforçado um pouco mais. Se... *"Se"* é aquela indicação de suposição que nos amedronta, pois mostra outra possibilidade ou perspectiva que nós não podemos mais executar porque a ação já foi finalizada.

O que isso significa? Basicamente prova o quanto gostamos de nos martirizar boicotando nossas atitudes e nos responsabilizando por algo que não nos cabe. *Não precisamos disso.* Eu não posso ficar caçando um erro por algo que não acabou por defeito meu. Não é como se eu tivesse feito algo horrível ou indesculpável. Apenas chegou ao fim e é isso aí. Ponto final.

A famosa frase que surge nessa ocasião é "o que foi que eu fiz de errado?". Refleti sobre essa frase durante dias e não cheguei a nenhuma conclusão. Eu estava de consciência limpa, mas mesmo assim queria provocar uma falsa ideia de erro na tentativa de consertá-lo. "Consertar pra quê?", você deve se perguntar. Pra tentar reatar o relacionamento, é óbvio. É mais fácil voltar para o que é cômodo do que encarar o que nunca foi vivido. Porém, não é na facilidade que encontrarei a minha liberdade emocional.

**Fazer uma avaliação pessoal é fundamental, assim podemos evoluir com nossas falhas.** Eu, por exemplo, enxerguei o quanto é importante me conhecer um pouco mais, pois sempre fui muito anulada em todos (todos mesmo) os tipos de relações que eu tenho. E não por culpa das pessoas com quem eu me relaciono, e sim por culpa minha, já que não priorizo minhas próprias vontades.

Onde eu estava enquanto não estava com ele? Me anulando e evitando viver a minha vida. O amor que eu sentia por ele tinha se tornado apego. E esse apego invadia minha rotina a ponto de eu entrar em uma prisão afetiva que me proibia de ver onde eu estava me metendo.

Eu baguncei minha vida tentando arrumar esse namoro. Eu me privei de possibilidades e conquistas por medo de perder uma estabilidade que não existia. Eu deixei de fazer aquela viagem pra praia com minhas amigas, de ir pra formatura da minha prima, de fazer o intercâmbio na Argentina. Eu sei que seria mais fácil dizer que a culpa foi dele, que ele me proibia ou

qualquer coisa do tipo, mas eu estaria mentindo. *Essa responsabilidade foi toda minha.*

Essa parcela de erros é minha. Eu entrei nessa por ilusão de pensar que, fazendo tudo por nós, eu estaria fazendo muito por mim. A única culpa que eu carrego é a de ter insistido onde não deveria ter existido nenhuma tentativa. **Eu pequei pelo excesso de entrega desnecessária.**

Eu fui suficiente pra ele — disso eu tenho certeza —, mas eu não fui sequer razoável pra mim. Isso pode ser cobrado de mim, porque eu sei que fui demais pra quem não merecia metade. Ao contrário do que eu pensava, meu namoro não era equilibrado. Ele só era jogado nas minhas costas mesmo. Eu sempre dei 100% de mim e ele nunca deu nada de si.

Nem sempre o amor vai ser composto por 50% de esforço de cada. Tem dias em que você vai dar 10% e seu parceiro vai completar com os 90%. Tem dias em que ele dá 20% e você completa o resto. O importante mesmo é, no final do dia, a conta fechar em 100%. E, ao longo de todo o relacionamento, a média de cada um ser 50%. **Amor não é ponto de equilíbrio, amor é encontrar o eixo comum.**

Se o eixo está todo para um lado, isso não é mútuo: é unilateral. E advinha só? Eu estava exausta de ser tudo e de alguém não ser nada. Eu estava me punindo por não ter conseguido extrair nem 1% dele.

Se ele foi incapaz de dar pelo menos um pouco pra mim, *que ele se dane.*

No fim das contas, quem eu perdoei nesse término fui eu mesma. Parei de procurar os motivos pelos quais meu namoro tinha acabado e comecei a buscar os motivos pelos quais eu deveria seguir em frente. Aí sim eu conseguiria mudar o que, de fato, precisaria ser mudado.

—Não era pra ser — completo o raciocínio da Babi.

—Não era mais pra ser, mas foi um dia e está tudo bem... — Ela finaliza.

Muitas vezes a pessoa que você acredita que é o amor da sua vida vem pra te ensinar a amar mais a sua própria vida.

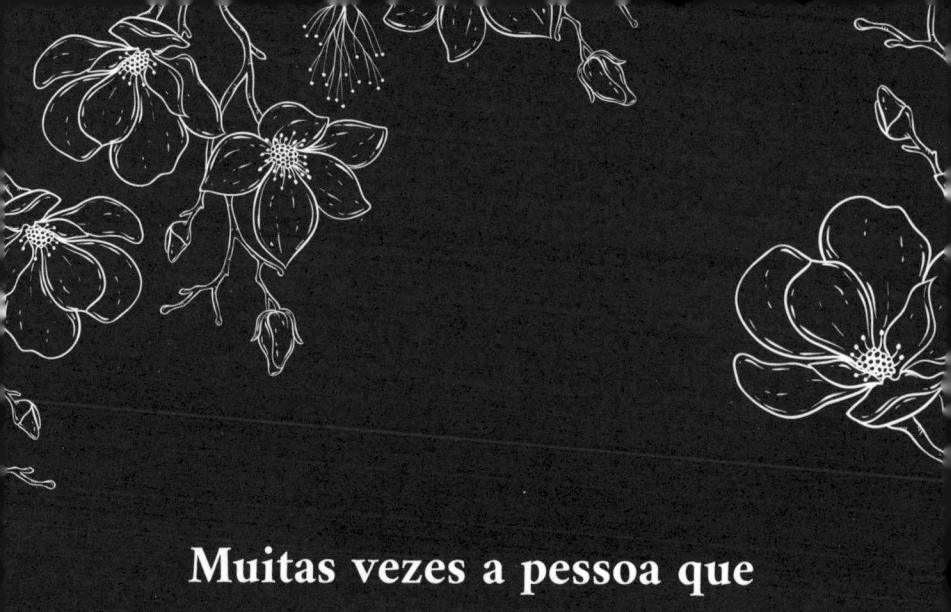

Muitas vezes a pessoa que você acredita que é o amor da sua vida vem pra te ensinar a amar mais a sua própria vida.

Duda Riedel

Meu ex-namorado me introduziu na faculdade do amor-próprio. Ele foi o primeiro a me mostrar esse novo caminho e eu estava disposta a aprender.

O espaço que ele abriu ao ir embora da minha vida e ao desocupar essa vaga em meu coração era o espaço de que eu precisava para, enfim, **me apaixonar por mim.**

As perdas fazem a gente procurar aquilo que nos falta e, de repente, encontrar um amor-próprio que nunca deve ser substituído pelo amor a outra pessoa.

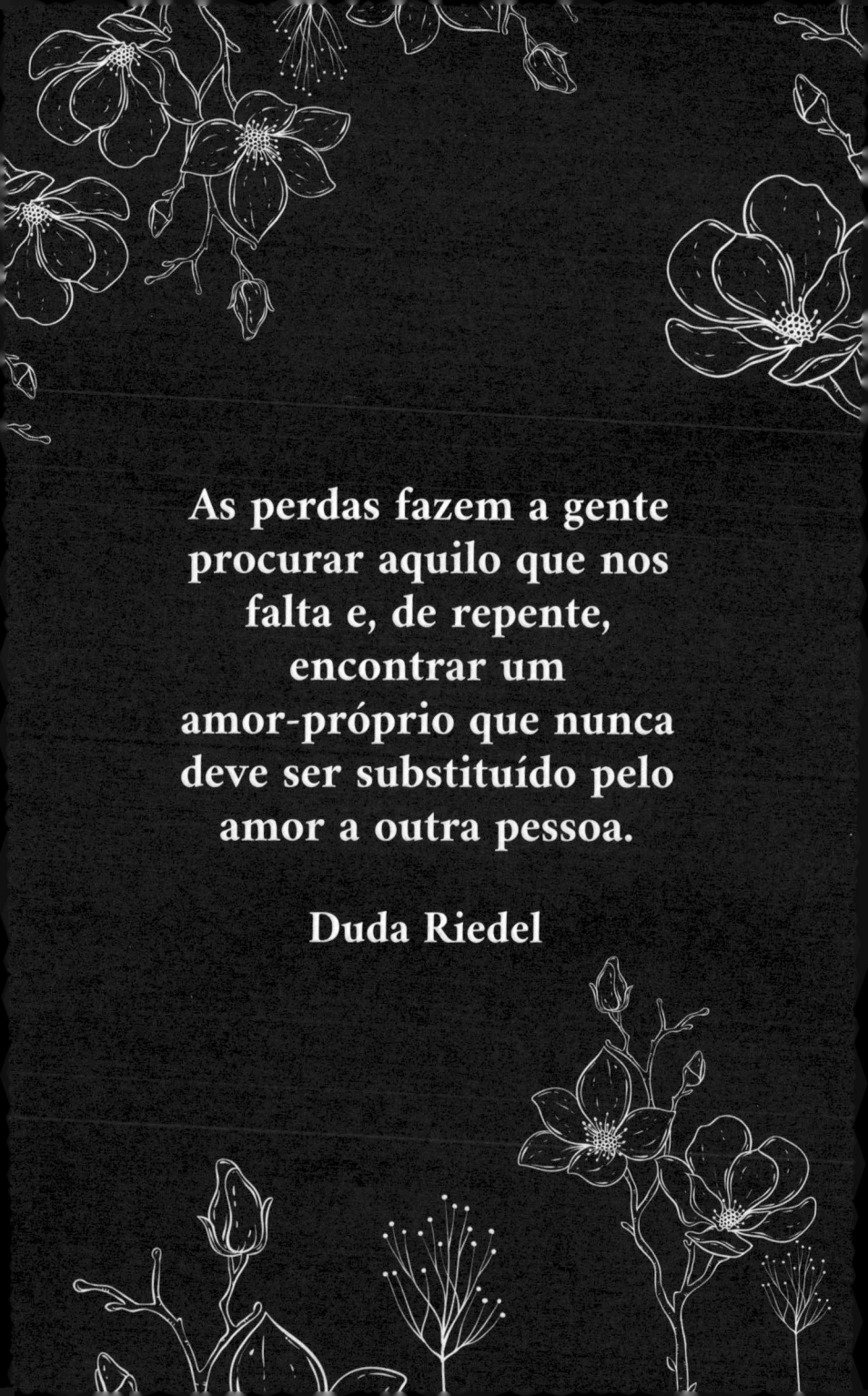

As perdas fazem a gente procurar aquilo que nos falta e, de repente, encontrar um amor-próprio que nunca deve ser substituído pelo amor a outra pessoa.

Duda Riedel

# NÃO ENVENENE

A independência amorosa precisa acontecer, caso contrário você se torna refém do relacionamento. Liberdade é se sentir feliz mesmo sem aquela pessoa por perto. É conseguir se enxergar inteiro mesmo sabendo que você tem quem te complemente.

Duda Riedel

# • CAPÍTULO 6 •

Se você for dependente do seu relacionamento, você vai depositar todas as suas fichas nele. Como você será capaz de se ver bem sem ter uma corrente te prendendo a quem você ama? Isso não pode ocorrer de maneira alguma.

Acontece muito de as pessoas começarem a se sentir bem na presença de quem amam, e infelizes quando estão solitárias. Um baita prejuízo. **Quem te faz companhia 24 horas por dia é você mesmo.** Primeiro você começa a se sentir mal consigo mesma, depois isso começa a transparecer na relação. Fica mais evidente ainda quando você percebe que faz muito mais por ele do que ele por você. Parece que você ama sozinha, não é? Individualidade é a liberdade da qual o relacionamento precisa.

Não dá pra se doar por completo por quem não faz um milésimo de nada por você. Você já se questionou se o seu parceiro faz você se sentir bem? Não pergunto se ele te faz feliz, porque isso somos nós mesmos que devemos fazer. Sentir bem é, por exemplo, você não se desgastar na relação. Meu namoro não fazia com que eu me sentisse bem há tempos.

Depois que eu me envenenei com minha falta de liberdade e notei que eu fazia muito por ele e pouco por mim, as coisas perderam o sentido. Mas eu segui nessa. Eu não tinha coragem de terminar, mesmo não estando mais feliz ao lado dele. Fico me perguntando quantas meninas já não passaram por isso pelo medo de encararem um término, pelo desespero de chegarem ao fim e pela angústia de não saberem ser felizes sem o namorado.

Quantas vezes você já viu uma amiga afundada em um relacionamento ruim dizendo que tinha medo de terminar? Quantas vezes você já se humilhou sendo lanchinho da madrugada de embuste, pois era só isso que ele tinha para te oferecer?

## Quantas vezes você já perdoou quem sempre te fez sofrer?

Por que nós aceitamos isso? Que medo é esse que temos de nos priorizarmos e de vivermos na nossa própria companhia? Eu tive medo e foi necessário que ele desse um passo à frente. Então levei um pé na bunda e doeu. Mas o que me doeu mais foi saber que tinha sido necessário que ele rompesse comigo, mesmo eu não estando mais feliz ao seu lado, pois eu não tive coragem de mudar.

Supostamente, ao perceber que esse namoro não me fazia mais tão bem e ao ter certeza de que ele não era o melhor pra mim, tudo poderia se tornar mais fácil. Mas, ainda assim, era doloroso. A carência e a dependência também maltratam, assim como um vício, e se desligar delas é complicado.

Tudo ao meu redor me lembrava do meu relacionamento e, apesar de eu saber que não estava mais feliz naquela situação, eu ainda tinha boas lembranças com ele, afinal, tive bons momentos a seu lado. O problema é que a rotina se torna um hábito, e hábitos são difíceis de serem quebrados.

E agora já são três meses em uma nova vida. Três meses sem ter sequer uma notícia dele. Não sei se eu estava preparada para encontrá-lo, não sei se em *algum momento* da vida vamos estar preparadas para rever nossos ex-namorados. Mas fato é que uma hora isso acontece.

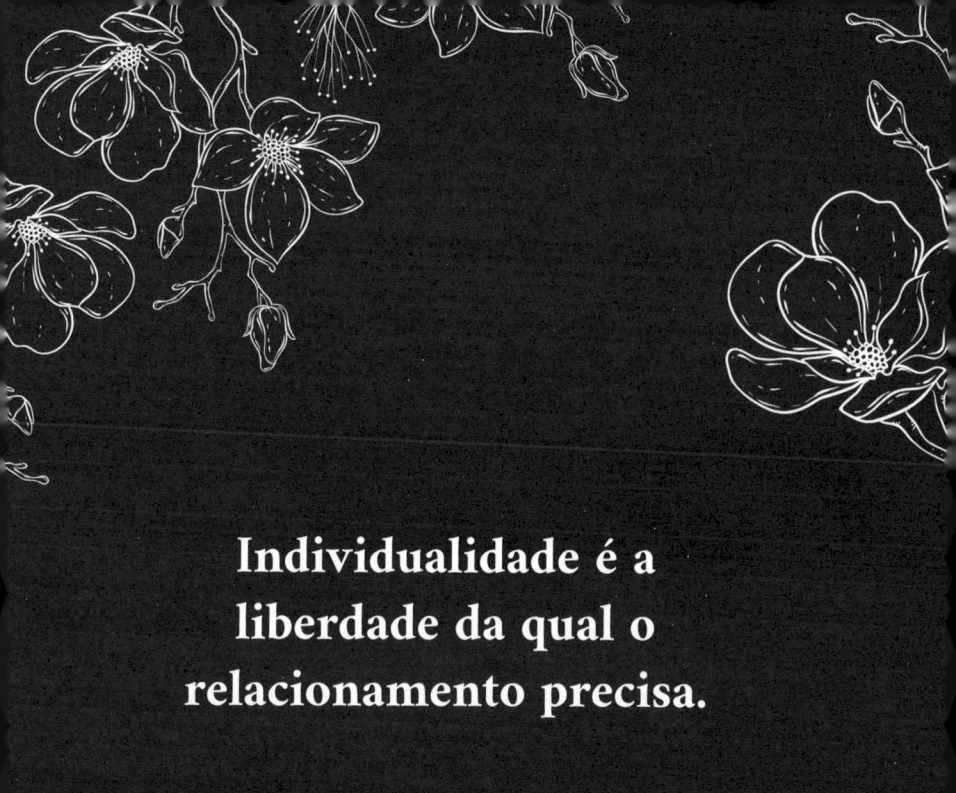

Individualidade é a liberdade da qual o relacionamento precisa.

Duda Riedel

Era o primeiro dia de aula depois das férias de verão. Era preciso ter coragem pra enfrentar o fantasma do meu ex-namorado. Desde o dia anterior ao meu aniversário eu não tinha mais falado com o Guilherme e as últimas notícias que tive dele diziam que ele estava enchendo a cara no bar com os amigos.

Obviamente, eu tentei me preparar para esse reencontro. Eu imaginei por horas como seria. Nunca na história dessa faculdade alguém foi tão produzida para o primeiro dia de aula. É inegável que gostamos de parecer melhores para os nossos ex. Pode ser vaidade, ego ou como você quiser chamar, mas precisamos mostrar que estamos bem. Eu jamais pensei que fosse ter que passar por isso e entrei de cabeça erguida naquela sala, mas não se passaram nem dois minutos antes que minha autoestima caísse no chão.

Uma movimentação estranha ocorreu no segundo em que botei o pé naquele lugar. Eu devia estar vendo mais do que meus olhos eram capazes de enxergar, mas, sim, ele estava abraçado com a Carlinha e rapidamente a soltou quando notou minha presença.

— Madu, oi... Err, como foram as férias? — Noto que o clima começava a pesar e todos disfarçavam o óbvio.

— Boas. E as suas? — Tento ser o mais madura possível e encarar o que acontecia.

— É, boas também. Olha... — Ele começa a cochichar — Sei que pode ser um pouco esquisito pra você a gente estudar na mesma sala...

— Esquisito pra quem, garoto? A gente já acompanha essa tua cara desde o jardim de infância — Bárbara, sempre educada, veio me ajudar.

— Guilherme, por mim tudo vai ficar ok. — Alguém pode ligar pra Dra. Kyara? — Inclusive por mim tudo bem você e a Carlinha — jogo um verde.

— Ah, ainda bem... Olha, foi tudo depois que terminamos... — O verde colou e, sim, eles estão juntos. — Só quero te dizer que fui... — Corto imediatamente.

— Guiga, quero dizer... Guilherme, eu não preciso de explicações... — E, de fato, eu não precisava.

Acompanhei aquele mel de casal recém-namorando durante toda a aula de finanças. As náuseas predominavam e eu tentava não sair espancando esse ar de fofura que contaminava o meu oxigênio. Eu não esperava que ele estivesse de luto, mas também não poderia imaginar ele *já tinha me superado completamente*.

No intervalo eu me dediquei a comer um bom pão de batata, que eu nunca havia experimentado por medo de infectar meu namorado celíaco. Nos intervalos de cada mordida, eu olhava de canto de olho a Carlinha descascando uma laranja pra dar pro *abençoado*.

— Francamente, você não perdeu nada, ele não muda. A única diferença é que você trazia tangerina. E esse pão de batata, fala sério, é incrível, não é?

— É estranho... — Olho de novo a cena. — Você acha que ele me traiu?

— Faz diferença? — Fico espantada com essa pergunta. — Acho que você não precisa ir atrás dessa resposta...

— Sabe, parece que eu não estou triste pelo fato de ele estar com ela...

— Isso é ótimo, significa que você superou — ela completa e dá um gole numa lata de *Coca-Cola,* às 8h30 da manhã.

— Mas eu acho que não superei. Não é como se eu estivesse triste por ele estar com ela... Estou triste por ele não estar comigo.

— É basicamente a mesma coisa, Madu... — Eu sabia que não era.

**Um relacionamento codependente é uma obsessão.** É uma fissura dentro do seu amor-próprio que vai correndo-o pouco a pouco, como um vírus que adoenta seu corpo. Quando você nota, já está totalmente tomada. Você se entrega aos poucos, mas depois não desapega com facilidade. Você acredita que só ele vai te proporcionar a felicidade e vive em função disso.

Eu estava mais magoada por não ter mais o relacionamento do que pelo fato de o meu ex-namorado já estar em outra relação. Não era questão de perder o meu ex-amor, *era questão de não ter um amor.* Eu estava acostumada a ter um namorado há sete anos e fazer algo sem a presença dele (ou de alguém) era difícil.

É que nem começar a dirigir um carro manual depois de passar tanto tempo com o carro automático. No começo, ao soltar a embreagem, o carro pode dar uns trancos e andar meio esquisito, mas depois, quando pegamos o jeito, as coisas fluem.

Seria a vida de solteira um carro manual, e o meu antigo namoro um eterno piloto automático? Não sei se Freud ficaria orgulhoso dessa minha analogia. Mas, basicamente, é isso aí.

Então pensei em outro exercício que pudesse tirar esse peso que ele tinha na minha rotina. Mais uma vez, racional como sou, criei uma listinha. Ora, virei especialista nisso! Dra. Kyara ficaria orgulhosa de mim. Dessa vez eu criei algo que me ajudasse a ler minhas angústias e entender onde elas batiam mais fortemente.

Em cada ocasião ou lugar me vinha um sentimento, uma lembrança ou um pensamento sobre o meu ex-namorado. Eu precisava, mais do que nunca, ressignificar isso. Era preciso ver quais sensações surgiam para tentar, de alguma forma, controlá-las. Por isso, enumerei cada ocasião e cada pensamento.

*Duda Riedel*

# OCASIÃO X SENTIMENTO

| OCASIÃO/LUGAR | SENTIMENTOS/PENSAMENTOS |
|---|---|
| CASA | 1. SAUDADES DELE NO MEU QUARTO |
| | 2. ME LEMBRO DE QUANDO ELE COZINHAVA |
| | 3. SABER QUE ELE NUNCA MAIS VAI ESTAR ALI |
| TRABALHO | 1. NÃO FOCAR NO QUE ESTOU FAZENDO |
| | 2. VONTADE DE CHORAR |
| | 3. ME SENTIR INÚTIL |
| FACULDADE | 1. VONTADE DE IR CONVERSAR COM ELE |
| | 2. NÃO FAZER DUPLA COM ELE |
| | 3. VÊ-LO COM OUTRA PESSOA |
| DATAS COMEMORATIVAS | 1. NÃO TÊ-LO AO MEU LADO |
| | 2. DESEJO DE MANDAR ALGO PRA ELE COMO DESCULPA PARA CONVERSARMOS |
| | 3. NÃO PODER SABER COMO ELE ESTÁ PASSANDO |
| NA COMPANHIA DE AMIGAS | 1. SEMPRE O ASSUNTO RETORNA PRA ELE |
| | 2. QUERER SABER NOTÍCIAS DELE |
| | 3. ME SENTIR VAZIA |

# OCASIÃO X SENTIMENTO

| OCASIÃO/LUGAR | SENTIMENTOS/PENSAMENTOS |
|---|---|
| CASA | |
| TRABALHO | |
| FACULDADE | |
| DATAS COMEMORATIVAS | |
| NA COMPANHIA DE AMIGAS | |

**EXPERIMENTE FAZER COMO EU!**

Ao ver claramente qual era o problema, eu conseguia controlá-lo e não me martirizar tanto. Eu me dedicava a entender o que se passava dentro de mim. Fazendo isso, eu percebi o quanto a minha vida girava mais em torno das vontades alheias do que do meu próprio querer.

Foi triste. Me deu uma vontade descontrolada de chorar quando percebi que não era apenas sobre perdê-lo, *era sobre me perder.* Afinal de contas, isso não é mais sobre o início de um fim, é sobre um resgate pessoal. É sobre entender que eu não tinha uma relação comigo mesma. É triste ver que estamos cada um para um lado, mas é devastador me ver só e me sentir segura apenas ao lado dele.

Eu estou começando a perceber que eu não apenas terminei um namoro, eu me dei conta de que eu vivia uma mentira que eu escolhi viver. Eu sei que eu justificava tudo com o famoso "nós combinamos tanto". Mas eu não sei nem mesmo quem eu sou. Como posso esperar combinar com alguém? Foi nesse exato momento que eu tomei a maior queda da minha. **Eu caí na real.**

Não choro mais quando esbarro com minhas tias e elas falam "ah, mas vocês formavam um casal tão lindo", pois o que mais me espanta é quando me perguntam como eu me sinto. Definitivamente eu não sei. O desespero fala mais alto. Eu não o amava de verdade, eu amava o que ele me proporcionava.

Os meus planos pra vida a dois eram a base da minha vida. Eu depositava meu futuro na conta alheia. Eu me apropriava das ideias dele, pois eu não concretizava as minhas. O plural me garantia uma fantástica segurança imaginária.

Todas as minhas histórias se confundiam com as do meu relacionamento. Todo rumo que eu seguia tinha um dedo do meu ex. Eu não conseguia diferenciar o que eu queria pra mim do que eu criei pra nós. Eu não compartilhava meus sonhos, eu aceitava viver os sonhos dele.

Vê a ironia? Esse modelo de vida que eu acreditava ser equilibrado era a sujeira que eu escondia embaixo do tapete por não saber quem eu sou. Aos poucos tudo isso virou uma avalanche de descobertas que me amedrontavam ao mesmo tempo em que me socavam.

Era preciso me recompor. Enxugar as lágrimas e começar do zero. Minha vida, então, iniciava aos 20. Antes eu não sabia aonde eu iria depois de levar um pé na bunda. Agora eu descobri. Eu precisava ir pra dentro de mim.

# OS PRIMEIROS BOTÕES

Já deixei alguns amores pra
trás. Mas, de todos os que
partiram, a falta de
amor-próprio foi a que me
doeu mais. Amar a si mesma
deve ser o primeiro passo
para desabrochar, pois é
assim que ensinamos os
outros a nos valorizar.

Duda Riedel

# • CAPÍTULO 7 •

Já vi amigas sambarem de uma relação pra outra com a maior facilidade e tranquilidade do mundo. Eu ficava me perguntando como isso era possível. Sempre pensei que, se eu acabasse o namoro, viveria uma solidão tão profunda que jamais conseguiria nem mesmo sair de casa sem chorar.

Eu também acompanhava a saga de algumas amigas que conversavam com vários caras ao mesmo tempo sem confundir os seus nomes. Era uma maestria tão grande quanto a de um líder de uma multinacional com inúmeros funcionários. Elas sabiam tudo sobre cada um dos contatinhos, desde o mapa astral até o nome da primeira menina que beijou. Imagino que elas deviam ter algum tipo de planilha no Excel pra dar conta de tudo. Mas isso não combinava comigo.

Eu simplesmente não sou o tipo de pessoa que vai conseguir sair com um na sexta-feira à noite, com outro no sábado de manhã e com mais um no domingo à tarde. Eu preciso de uma pessoa apenas e de me apegar a ela. Quando eu conheço alguém que faz meu coração congelar ao sorrir pra mim, eu sei que vou me envolver.

— Olha, já viu como o Rafa é bonitinho? — Olhei discretamente para que ele não percebesse. — É, eu sei que você acha ele bonito.

— Mas não é muito cedo pra pensar em flertar? — Sei lá, né...

— Amiga, teu ex não esperou nem teu luto terminar pra surgir de coleira nova e tu tá querendo bancar a puritana? — Já citamos o quanto a Babi é direta por aqui, né?

— Ah, mas a gente mal se fala... — Tento fugir.

— Então abre a boca e começa a soltar umas palavras — Ela assovia e faz sinal com a cabeça pra ele vir sentar com a gente — Rafa, vai nos jogos de sábado?

— É claro, faço parte da organização, se isso contasse como hora extra eu já estava me formando. E você? — Ele se dirige somente a Babi.

— Nós vamos — ela responde animada e me dá um abraço.

— O quê? Madu Figueiredo vai se juntar aos notas vermelhas e assistir ao campeonato de futebol?

— É, tem primeira vez pra tudo, né... — Falei isso rindo de nervoso, alguém me socorre!

— Gostei de saber, vai ter uma festa lá em casa depois, se quiserem chegar... — Nossa, ele é realmente bem bonito, jamais tinha reparado nessa barba desajeitada...

É engraçado que, quando estamos namorando e praticamente cegas de obsessão, não notamos o nosso redor. Não que a gente deva ficar flertando com outros enquanto tem um relacionamento monogâmico, mas não faz mal olhar o que acontece à sua volta.

O que eu quero dizer é que o Rafa estudava comigo desde o cursinho e fazemos aula juntos todas as segundas e quartas, mas eu acho que essa é a terceira vez em quatro anos que nos falamos. Eu nunca tinha notado o quanto ele é charmoso e bonito.

Eu ainda estou aprendendo a lidar com isso, com essa sensação esquisita de sentir coisas por outras pessoas, embora elas ainda sejam mínimas. Eu quis sentir desejo, quis muito, mas logo me repreendi e me impus culpa. Culpa de quê? Não sei. Mas é como se eu estivesse traindo o meu ex-namorado, mesmo sem estar. Claro que eu precisava me dar a chance de tentar, mas é difícil fazer o coração entender que ele está livre novamente.

Ok, agora estou introduzida nas festas da faculdade e estou cogitando a possibilidade de usar argolas, batom vermelho, short jeans rasgado e boné com o

mascote da universidade estampado na aba. Esse é o rumo que eu deveria seguir? Não sei. Mas acho que deve ser mais um dos passos clichês que muita gente dá. Arrisco usar tudo isso e percebo que nada tem a ver comigo. Então, pela primeira vez em sete anos, uso uma roupa da qual eu realmente gosto e me acho bonita com ela. Eu me olho no espelho e finalmente sinto que estou me reconhecendo.

Sobre as voltas que o mundo dá? É até difícil acreditar. Quem poderia imaginar que um dia eu frequentaria a arquibancada da quadra da minha faculdade. Os únicos lugares que tinham conhecido minha presença eram a sala de aula, o banheiro do 3º andar, a biblioteca e a cantina. Mas existe primeira vez pra tudo.

Eu me sinto até boba de nunca ter socializado. Depois que passa, fica fácil entender o motivo. Ter sempre uma companhia era tão confortável para mim que eu não me esforçava para descobrir novas possibilidades. Quando eu reconheço isso, eu também me esforço pra fazer diferente. Eu sei que estou dando os primeiros passos.

Eu queria que fosse mais simples, confesso. Mas estou tentando me adaptar aos novos rumos que preciso encarar, levando em consideração a minha maior necessidade: me dedicar a me conhecer. Essa busca incansável por quem eu sou é mais complicada do que encarar uma festa lotada de universitários bêbados e chapados.

Eu estava me divertindo no campeonato. Embora não entendesse absolutamente nada de futebol, eu dava boas risadas. Sempre tive pavor desse esporte porque ele causava brigas no meu relacionamento. Quando o Guilherme me levava ao estádio e eu tentava tirar alguma dúvida sobre o que estava acontecendo, ele me mandava calar a boca. Se o time dele perdesse, então a culpa recaía sobre mim. Como se eu tivesse alguma espécie de força energética que contribuísse pro time dele jogar mal. Me poupe!

Durante um tempo eu me esforcei e até o acompanhei em algumas partidas, depois comecei a me sentir tão constrangida que dava uma desculpa pra não comparecer. Preguiça de levar patada à toa. Mas agora é diferente. Eu não tinha que torcer pra nada, apenas assistir e desfrutar da situação.

— E então, quem está ganhando, que eu ainda não entendi? — Perguntei com certa timidez, com medo de levar um fora.

— Eu não faço a menor ideia, amiga, tô aqui somente pelos lanches — e logo vejo o Rafa se aproximando.

— Fala, Babizinha, consegue ficar controlando a tabela só enquanto vou resolver um pepino com a diretoria? — Ele parece nem notar que eu estou

aqui. — E aí, Madu? Que bom que você veio! Não se esqueçam de chegar lá em casa depois... — Rapidamente ele sai.

Não sei se estou pirando, mas tenho achado o Rafa cada vez mais bonito. Pra falar a verdade, ele não faz meu tipo, nem se parece em nada comigo... Mas acho que agora eu começo a entender a diferença entre afinidade e atração.

Se você tem afinidade com alguém, certamente, vocês têm gostos parecidos. Mas se você tem atração por uma pessoa, é porque algo nela ressoa dentro de você.

**A pessoa certa não é aquela que concorda contigo em tudo, é aquela que mesmo discordando você ainda tem capacidade de amar.**

— Eu ainda não entendi muito bem o que o Rafa faz... — Tento disfarçar o interesse.

— Ele é o coordenador de campeonatos da faculdade. É um projeto bem legal pra que os alunos participem dos jogos. O valor arrecadado é usado pra contribuir com a mensalidade dos bolsistas. Mas a faculdade não o ajuda em nada — Fico impressionada. Como foi que eu nunca soube disso?

— Nossa, é bem legal mesmo, eu achava que ele era tão nem aí pra nada. — As aparências enganam.

— Ah, amiga, Economia não é só trabalhar no mercado financeiro. Você faz isso porque gosta, né? — Espero que isso não seja uma pergunta, porque eu não saberia responder. — O Rafa é sinistro, mas não é muito de aparecer, só no campeonato mesmo... Nunca o vejo em canto nenhum.

— Estranho isso, ele tem algum problema?

— Não que eu saiba... Mas tem um defeito, com certeza: nunca o vi beijando ninguém. Não dá pra ser bonito, engraçado e, além de tudo, dedicado.

Eu estava longe de gostar dele, não quero parecer a ariana intensa que aparece marcando data de casamento no segundo encontro, mas ele tinha um quê que chamava a minha atenção.

Acho que quando vamos ficando mais velhas o que importa não é o corpo bonito, o cabelo sedoso ou o sorriso branquinho. Isso são coisas supérfluas que somem com o tempo. **O que vale de verdade é o que existe por dentro.**

Nada é mais atraente do que uma pessoa com caráter e que sabe o que quer.

Eu não faço a menor ideia do que eu estou fazendo da minha vida, mas admiro isso mais do que tudo.

— E você, entende o quê de futebol? — Ele aparece atrás de mim, dando uma risadinha maléfica.

— Não é meu forte, confesso. Ainda estou tentando desvendar o que é tiro de meta. — Eu realmente não faço a mínima ideia do que seja.

— Mas se eu perguntar pra você quanto tá a bolsa de NY você sabe, né? — Não consigo nem prestar atenção no que ele diz. O Guilherme está cruzando o campo de mãos dadas com a Carlinha.

Preciso fazer um parêntese neste momento para inserir aqui o meu descontentamento com o universo masculino.

O sexto sentido que nós, mulheres, temos, e que eles insistem em chamar de loucura, paranoia ou insanidade, se chama *desconfiança*. A intuição da gente não falha. Apenas nos dá um *spoiler* do que vem pela frente. No final das contas nós não somos doidas, meninas, eles é que são caras de pau.

— Bem-vinda ao time de solteiros da faculdade. É normal ver o ex-contatinho com alguém que estuda com a gente — ele dá uma piscadinha tentando me animar.

— É, amiga, vai se acostumando que todo mundo aqui tem laços de saliva ou de ódio — é sério isso?

— Ele não é meu ex-contatinho... — Foram sete anos de namoro, eu fui madrinha de crisma da irmã dele. Poxa, mais respeito — Acho melhor eu ir embora.

— Não — ele segura meu braço e eu começo a suar frio. — Fica, pô, você não vai embora porque viu o Guiga fazendo o que ele sempre faz.

— O que ele sempre faz? — Pergunto sem entender.

— Passa vergonha — eles dão uma risada — sou do time que acha você boa demais pra ele. — Isso foi um flerte?

— Você mal me conhece... — Tento sair dessa de fininho.

— Ah, qual é, Madu, estudo com vocês dois há quatro anos. Você se apagava do lado do cara. Acho que essa é a primeira vez que consigo ouvir sua voz sem ser na aula de macrofinanças. — Bárbara olha pra mim com aquele ar de quem diz "te avisei". — Você precisa se abrir a outras possibilidades. Vai lá pra casa depois! Me fala qual sabor de pizza você gosta, que eu vou pedir e você vai ser obrigada a ir. — Dou uma risada. — Não adianta só rir, me fala qual é?

— Qualquer um, gosto de tudo.

Não, eu não gosto de tudo. Eu apenas não sei do que gosto. Uma pergunta idiota como "qual é seu sabor preferido de pizza"... E eu não sei responder. Eu não sei porque eu sempre remava a favor da maré do meu namoro.

É difícil fazer diferente, se desfazer das suas antigas convicções e buscar pelas novas. Sem dúvida existe uma rivalidade aqui dentro. Ao mesmo tempo em que anseio por essa descoberta, eu me recuso a dar de cara com o novo e inesperado. Vivi como sombra durante muito tempo, agora eu precisava buscar pela luz, mas não sabia em que direção ela se encontrava.

No fundo, a gente tem tanto medo de descobrir quem nós somos que passamos a forjar qualquer personagem interessante para evitar esse primeiro encontro. É mais fácil focar no mundo externo, no que tira a sua atenção dessa situação. É mais fácil andar por ai dizendo "sim" pra tudo. É mais fácil não ser você pros outros e nem pra você.

Eu sou o tipo de pessoa que não consegue falar "não". Eu tenho medo, preguiça ou vergonha, sei lá. Mas eu simplesmente não consigo negar nada. Prefiro responder um "sim" e depois reclamar comigo mesma do que encarar o fato de decepcionar alguém. No início, você tenta ser educada e boazinha, sabe? Depois, você se adapta a esse padrão e até convive bem com ele.

Eu aceitava tanto que parecia gostar de tudo. **A gente começa a confundir o que tolera com o que merece.** Não podemos nos acostumar com o que não é suficiente. Outro dia até me peguei pedindo desculpas na frente do espelho por ter aceitado menos do que deveria. Eu tenho tentado fazer as pazes com minha consciência e me obrigo a investir mais nas minhas vontades, embora eu ainda não esteja tão familiarizada com elas.

Verdade seja dita, eu recebo um empurrãozinho nesse quesito. O universo sempre vai te colocar em ciladas que te obrigam a dar um mergulho pra dentro de si. Não adianta fugir. É nessas horas, quando você menos espera, que a lição aparece.

Chego na festa na casa do Rafa e dou de cara com o Guilherme e a Carla. Ele começa a se aproximar pra conversar comigo. Penso em dar meia-volta e sair de cena, mas eu não podia ir embora de um local onde eu queria estar só porque o sem noção do meu ex-namorado também estava ali. Essa situação ia se tornar cada vez mais comum, então... Que seja, é hora de começar a ver e a ser vista.

— Madu, eu conversei com o Rafa e só queria te dizer que, por mim, tudo bem... — Ele não pode estar falando sério.

— Guilherme, às vezes eu acho que você é idiota, às vezes eu tenho certeza. — Bárbara o encara como quem diz "saia daqui agora!"

— Eu só quero dizer pra Madu não se sentir incomodada. — Consigo sentir o cheiro de bêbado dele de longe. — Eu não me importo com o fato de ela pegar ele na minha frente — a voz dele já estava alterada.

— Eu não pego ninguém, Guilherme. Eu me envolvo. E eu ainda não beijei, mas, mesmo que eu tivesse beijado, eu jamais precisaria da sua permissão. Eu sou livre — dou uma mordida na borda de pizza que está em cima da mesa.

— Eu não sabia que você comia esse tipo de coisa... — Reviro o olho e saio andando.

— O intolerante aqui é você. Ela tolera tudo, fofinho, menos desaforo — nada é mais forte do que o ranço da sua melhor amiga pelo seu ex-namorado.

Sabe o que eu descobri? Que ex-namorados acreditam ter o poder sobre nossa vida mesmo depois do término. Deve ser uma espécie de controle de macho alfa do reino animal, assim como os cachorros marcam território fazendo xixi. Qual seria o sentido de ele me comunicar que eu estava liberada para ficar com quem eu quisesse se ele mesmo já tinha feito essa escolha quando terminamos?

É patético você pensar que tem o controle sobre a vida de alguém. Privar alguém de seguir em frente é, no mínimo, egoísmo. Mas se é sobre egoísmo que o meu ex-namorado quer falar, nós temos um repertório enorme pra darmos sequência.

Embora eu só tenha me dado conta disso agora, é muito louco o quanto ele foi dominador durante toda a relação. Eu sei que fui boba de ceder tanto às suas vontades, mas, por favor, ele também poderia ter se esforçado pra me agradar. Se pusermos na balança o tanto que eu me dediquei e o tanto que ele minimamente se ofereceu a se empenhar, certamente essa balança tombará.

Eu não consigo lembrar se houve uma só vez em que meu ex-namorado se esforçou pra ser amigo dos meus amigos, enquanto eu participava de todos os eventos dos amigos dele. Eu não me recordo de um dia sequer em que ele cedeu ao que eu queria, mesmo eu acatando sempre os gostos daquele garoto. Eu não esqueço que eu era a primeira a ir atrás dele para pedir desculpas depois das brigas, mesmo sabendo que eu não estava errada.

Me parece que o egoísmo foi um forte personagem durante toda a nossa relação. E agora sim eu vejo o quanto **eu falhei em ter aceitado. Mas ele falhou muito mais em nunca ter oferecido nada.**

No fundo, a gente tem
tanto medo de descobrir quem
nós somos que passamos a
forjar qualquer personagem
interessante para evitar
esse primeiro encontro.

Duda Riedel

# FLORESCENDO

O processo de se desenvolver
leva tempo, mas vale muito.
Se você me permite um
conselho: siga em frente,
mesmo que doa. Pois é
melhor se machucar no
início do que se arruinar
no final.

Duda Riedel

# • CAPÍTULO 8 •

Pra mim, nos aproximamos do esquecimento quando começamos a perceber os defeitos do outro.

**Uma das coisas que eu aprendi é que, embora eu esteja machucada e não tenha pra onde ir, o último lugar para onde eu voltaria é aquele em que eu me feri.**

Eu era incrível demais e agora afirmo com todas as letras: não fui eu quem o perdi, foi ele quem me perdeu.

Me sinto um pouco deslocada nesse projeto de festa, mas, enquanto isso, tento interagir e até escapam umas boas risadas. É difícil imaginar que eu voltei a sorrir. Não que eu fosse ficar sofrendo eternamente pelo meu ex-namorado, mas é bom quando o semblante muda e a gente se dedica a ser feliz novamente.

Seria um pouco falso fingir que eu estava amando essa situação. Ainda é um pouco desconfortável olhar pra quem um dia foi tudo pra mim e

enxergar um abismo coberto por não sei o quê. Eu sei que já não era amor, mas também não era exatamente nada. Ainda existia algo. **Não era saudade. Talvez fosse apenas falta.**

Eu me esquivo um pouco da rodinha de conversas e vou procurar um lugar para tentar digerir o que está acontecendo. Não que o meio de uma festa na qual todos os meus colegas de faculdade estão seja momento pra uma crise existencial, mas, às vezes, precisamos bater um papo com a nossa consciência. Ao sair, eu me sento em um degrau.

— Não está curtindo sua primeira socialzinha de faculdade? — Parecia a voz do Rafa, me viro pra conferir.

— Precisava ouvir um pouco dos meus próprios pensamentos, não curto muito hip-hop.

— Jura? Eu adoro, é meu estilo preferido — opa, não temos muito em comum mesmo.

— Não consigo entender uma palavra do que eles falam — começo a imitar um trecho de uma música e ele ri da minha cara.

Essa é a primeira vez em anos que me solto em uma conversa, é a primeira vez que eu consigo pelo menos falar sobre coisas de que eu não gosto e sobre questões pessoais minhas. Parece bobo pra algumas pessoas, mas pra mim não é. Sempre quis tanto satisfazer todos ao meu redor que o simples fato de conseguir dizer "não gosto disso" já é um grande passo para mim.

— Eu recebi uma liberação inusitada hoje — espero que ele não esteja falando do ridículo do Guilherme. — Te falei que o Guiga ama passar vergonha... — É, ele está falando disso mesmo.

— Não sei do que você está falando... — Tento me fazer de sonsa.

— Sabe sim, você ficou vermelhinha — Ele dá uma risada e, por um momento, me derreto inteira. Socorro, o que é isso? — Mas eu recusei a proposta.

— O quê? Você tá me dando um fora? — Falo sem nem pensar na besteira que eu disse.

— Viu, você sabia do que eu estava falando... — Ele dá uma piscadinha e, francamente, eu não estou aguentando esse jogo. — Eu não beijaria você sem seu atestado médico.

— Quê? Você está dizendo que vou te passar alguma doença? — Me levanto enfurecida.

— Não, bobinha! — Ele começa a rir novamente. — Você é tão pequeninha, quando fica brava parece um desenho animado. — Reviro o olho e me sento novamente. — Eu tenho imunidade muito baixa, por isso a brincadeira... Pensei que você soubesse — Ele abaixa a cabeça e parece chorar.

— Você tá doente? — Fico um pouco confusa, mas sinto vergonha de perguntar.

— Não, tô tirando onda com você — e ri novamente.

— Olha, você é péssimo, fiquei preocupada mesmo...

— Não beijo você porque não curto muito ser tapa-buraco de relações passadas, senão eu juro que te daria uma chance — *esse senso de humor é péssimo.*

Essas indiretinhas de fim de relacionamento me dão preguiça. Sempre fui do tipo que não tem paciência e não gosta de entrar em joguinhos. Se todos os caras fazem isso, como eu poderia ter uma vida amorosa futuramente? Honestamente, relacionamento é um jogo pra eles. Não pra mim.

Quando nos colocamos em primeiro lugar, é claro que não entramos nessa, pois se ele não está disponível — pasme — temos nossa própria companhia. Por isso não é questão de dançar conforme a música deles, e sim de escolher o nosso próprio repertório. Nós coordenamos a nossa vida e nós vamos seguir em frente sem olhar pra trás. Vamos abrir a porta da autoconfiança e do autoconhecimento e aprender a nos dar valor.

— E quem disse que eu te daria uma chance? Eu sou legal, não tô te dando mole — Agora quem dá a piscadinha sou eu.

— Olha, uma mulher de atitude. Quem viu ela tomando café na aula das 9h da manhã não imagina que à meia-noite ela sai distribuindo fora...

— Tá vendo como não sou apenas uma gênia que te passa cola de vez em quando?

— Sabe, Madu, não tenho muita intimidade com você... Mas queria te falar uma coisa porque eu também já estive no seu lugar...

— De passar cola? — Mais uma vez, eu não penso.

— Não, boba — ele ri novamente — quero dizer de ter um coração partido e de certa forma sofrer com isso. Não ache que o que você quer é o que você precisa...

— Não entendi muito bem — *ok*, agora eu realmente não entendi nada.

— Não pensa com o seu coração ou com a sua vaidade nessa hora, pensa com a sua cabeça... Nem sempre o que a gente quer que aconteça é o que deve acontecer. É melhor você entender o caminho pra poder justificar os fins, compreende?

*É justamente isso.* Depois de um término a gente se bagunça completamente por dentro e fica difícil

organizar as aparências por fora. Procuramos justificativas para o óbvio, mas nunca saberemos o que se passa na vida do outro. Por isso é tão importante focarmos mais em nós mesmos. Sinceramente, no final do dia só a gente sabe como se sente.

Como eu poderia querer entender o que estava acontecendo sem sequer entender do que eu preciso neste momento? Mais vale me satisfazer do que correr o risco de ficar amargurada pelo que tem acontecido.

Essa conversa boba, que poderia terminar em um beijo (não nego que eu, inclusive, gostaria), se transformou em uma luz em meu caminho, pois me fez enxergar que era necessário pôr em prática mais uma de minhas listinhas.

*Duda Riedel*

# O QUE VOCÊ QUER

| | O QUE VOCÊ QUER |
|---|---|
| DOR 1 | ESQUECER O EX |
| DOR 2 | SAIR POR CIMA |
| DOR 3 | QUE ELE NUNCA ME SUPERE PORQUE EU SOU MELHOR QUE TODAS AS MULHERES COM QUEM ELE VAI FICAR |
| DOR 4 | SEGUIR EM FRENTE O MAIS RÁPIDO POSSÍVEL |
| DOR 5 | PROCURAR ALGO OU ALGUÉM PARA SUPRIR A FALTA DELE |

# DO QUE VOCÊ PRECISA

| DO QUE VOCÊ PRECISA | |
| --- | --- |
| DOR 1 | APRENDER A SE COLOCAR EM PRIMEIRO LUGAR |
| DOR 2 | ENTENDER QUE ISSO NÃO É UMA COMPETIÇÃO |
| DOR 3 | TER CERTEZA DE QUE SOU INCRÍVEL E DE QUE, MESMO TENDO LEVADO UM FORA, ISSO NÃO ME FAZ SER MENOR QUE NINGUÉM |
| DOR 4 | SABER PARA ONDE SEGUIR E, DE PREFERÊNCIA, SEM ELE DO MEU LADO |
| DOR 5 | ME SENTIR INTEIRA O SUFICIENTE PARA NÃO PRECISAR DELE E NEM DE NINGUÉM |

# O QUE VOCÊ QUER

| | O QUE VOCÊ QUER |
|---|---|
| DOR 1 | |
| DOR 2 | |
| DOR 3 | |
| DOR 4 | |
| DOR 5 | |

## EXPERIMENTE FAZER COMO EU!

# DO QUE VOCÊ PRECISA

| DO QUE VOCÊ PRECISA | |
|---|---|
| DOR 1 | |
| DOR 2 | |
| DOR 3 | |
| DOR 4 | |
| DOR 5 | |

**EXPERIMENTE FAZER COMO EU!**

Se eu estivesse pensando apenas no meu ex-namorado, eu estaria me dedicando a transformar meu término em um culto à pessoa dele. E nunca, jamais, deveria ser sobre isso. Era preciso voltar todos os olhares para mim e para o que importa de verdade. Eu não poderia deixar meu desespero para esquecê-lo se tornar vingança para fazer ele sentir como eu me sinto. Isso não é uma competição pra saber quem fica melhor mais rápido. *E, se fosse, eu já teria perdido.*

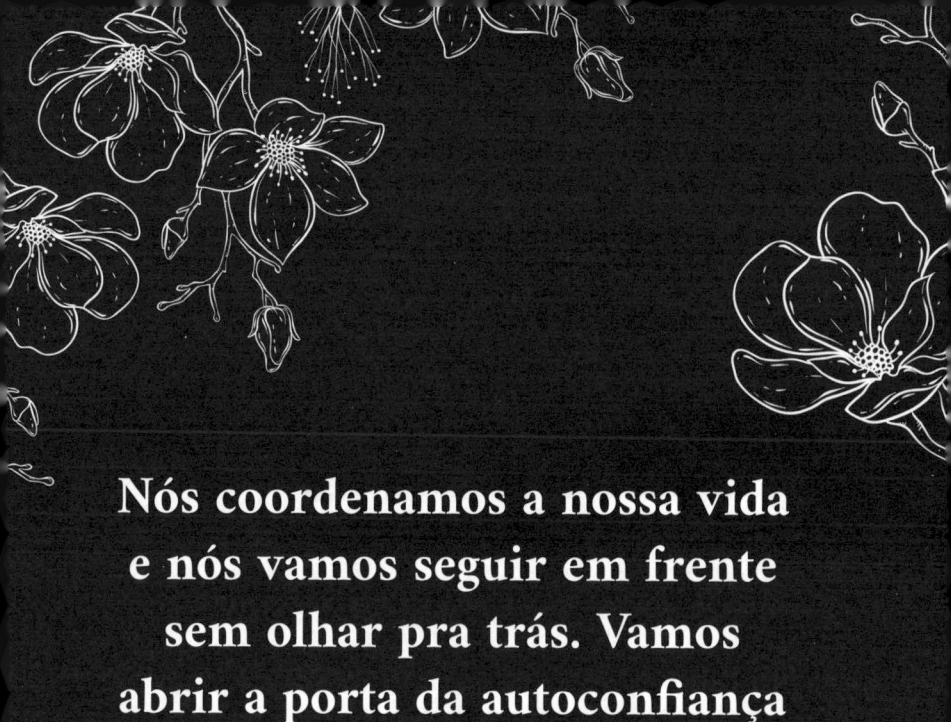

Nós coordenamos a nossa vida
e nós vamos seguir em frente
sem olhar pra trás. Vamos
abrir a porta da autoconfiança
e do autoconhecimento
e aprender
a nos dar valor.

Duda Riedel

# TEMPO DE PLANTIO

Amor-próprio vai muito
além de se sentir bem com
sua aparência. É sobre
entender o seu valor e
ter consciência da sua
importância dentro da sua
própria vida.

Duda Riedel

# • CAPÍTULO 9 •

Seis meses se passaram e eu já me sentia mais animada. Era como se o terreno agora estivesse preparado para ser cultivado e eu pudesse me dedicar ao plantio. **Sempre fomos muito condicionadas a amar ao próximo, mas nunca a nos amarmos completamente.** Eu tenho aprendido a investir em mim mesma antes de dar um passo adiante.

Se amar é um sinal de descoberta. É difícil mergulhar dentro de si. Normalmente a gente só faz imersões rasas pra não ter que lidar com a estranheza de se conhecer. O autoconhecimento é uma tarefa que amedronta, não vou mentir. Até mês passado, eu gaguejava se me perguntassem do que eu gostava, falava o famoso "qualquer coisa". Será que era preguiça ou medo de ir pra dentro de mim?

Viver uma mentira tem prazo de validade. Não dá pra sustentar uma farsa por tanto tempo e, quando a ilusão acaba — se prepara! —, você vai ter que arrumar a confusão que criou. É por isso que se conhecer é uma batalha. Quanto mais a gente entende do que gosta, mais a gente entende a raiz das nossas questões e dos nossos problemas. O autoconhecimento é uma caminhada intensa que mostra cada vez mais quem realmente somos. **É libertador poder ser honesto consigo mesmo e não viver cheio de máscaras.**

### Se mostrar pro mundo e ser fiel a si mesmo é um ato de coragem.

Um dia por vez, eu me esforçava para me sentir melhor. Nem todos os dias eram maravilhosos, mas a cada dia eu tinha um novo aprendizado. É engraçado como eles surgiam em pequenos detalhes. **Dos seus erros surgem as lições mais necessárias.**

Ao conquistar seu amor-próprio você vai fazer as pazes consigo mesma, com tudo o que você se fez passar por não ter se dado o valor que merecia. Isso pode levar tempo. Na realidade, eu penso que esse é um processo eterno, mas necessário, pois é só se amando por completo que você pode ter amor sobrando para dar a mais alguém.

Confesso que às vezes ainda me sentia um pouco só, e isso me causava uma insegurança desenfreada. Mas era ao me ver em completo vazio que eu começava a abrir a torneira para transbordar. Uma folha em branco é o primeiro passo para começar uma nova história.

O momento que me causava mais pânico era o de enfrentar as aulas com o Guilherme. Não dá pra fingir que não me incomoda, porque sim, incomoda. Eu tentava sentar sempre na primeira fileira para me privar de olhar discretamente e ver o que ele estava fazendo. Que loucura saber que, mesmo depois de um tempo, continuamos nos importando com nosso ex! É como se já tivéssemos vendido o terreno, mas volta e meia voltássemos pra conferir como ele se encontrava, apenas para garantir que tínhamos feito uma boa escolha.

— Preciso que vocês formem duplas para o trabalho de áreas — olho pra trás e vejo que a Bárbara faltou. Guilherme está formando dupla com a Carlinha.

— Sozinha? — Tomo um susto com a voz. — Se quiser podemos fazer juntos pra você me garantir um 10 — o humor ácido não engana.

— Não vou fazer tudo sozinha, Rafael. Você vai ter que se esforçar — junto minha cadeira à dele.

— E aí, pensou sobre o que eu te disse? — Tento me lembrar da última vez que falamos sobre algo e procuro nas minhas anotações. — Não tô falando de faculdade...

— E do que você falou?

— Algo do tipo o que você quer e do que você precisa... — Suspiro e finjo não me importar — Já descobriu o que você quer e do que precisa?

— Eu quero um 5 pra passar. E você, do que precisa? — Não vou falar da minha vida amorosa com outro cara.

— Engraçadinha... — Ele pega o caderno e a calculadora. — Sabia que zero vezes qualquer coisa sempre vai ser zero?

— Aprendeu isso agora? — O confronto e dou de costas.

— Ou seja, se você nunca colocar algo, você sempre terá nada... Isso significa que, se você não souber o que você quer, você sempre buscará somente aquilo do que precisa.

— Eu sei o que eu quero e do que eu preciso — respondo mais uma vez com firmeza, finalizando a conversa.

— Talvez você saiba do que precisa em relação ao fim de um relacionamento, mas não necessariamente o que quer como pessoa.

Olho assustada e penso que estou em algum episódio de *Vampire Diaries* em que ele consegue ler minha mente. Por que raios esse menino sempre levanta reflexões assustadoras que me fazem questionar toda a minha existência? Desconfio que ele seja um espião de Dra. Kyara e que faça anotações para entregar a ela antes de todas as minhas sessões.

Chego em casa depois da aula e aquela frase não me sai da cabeça. *"Se você não souber o que você quer, você sempre buscará somente aquilo do que precisa".* Eu me vejo novamente no espelho e percebo que uma nova versão minha está desabrochando. Eu ainda não sei tudo sobre ela.

Por isso, fiz um questionário no maior estilo "entrevista de emprego" e fui me apresentando, a cada dia de forma mais completa, como a pessoa que eu havia me tornado. Embora seja uma tarefa um tanto quanto *esquisita,* é engraçado ter dúvidas sobre mim mesma. Aos poucos, eu ia rompendo cada uma dessas hesitações. Caso a dúvida persistisse, ótimo, eu me investigava mais até ter certeza.

# REFLITA SOBRE VOCÊ

1. QUAL É A SUA COMIDA PREFERIDA?

2. QUAL É A SUA MÚSICA PREFERIDA?

3. O QUE VOCÊ AMA ASSISTIR?

4. O QUE VOCÊ ODEIA ASSISTIR?

5. O QUE VOCÊ MAIS FAZ?

6. O QUE VOCÊ JAMAIS FARIA?

7. O QUE É QUE VOCÊ NÃO SUPORTA NO OUTRO?

8. O QUE VOCÊ MAIS AMA NOS OUTROS?

9. QUAL É SEU MAIOR SONHO?

10. QUAL É A SUA MAIOR DÚVIDA?

Ao responder a essas simples questões, eu me dei conta de algo que jamais teria percebido sozinha: *eu não estava fazendo aquilo que eu amava.* Meu maior sonho era estudar no exterior, quando pequena eu dizia que ia morar na Argentina. Aos 10 anos fui com meu pai a Buenos Aires em uma de suas viagens de trabalho. Eu fiquei encantada com os prédios do centro da cidade. No último dia, sentada à beira do Rio, fiquei comendo um crepe de doce de leite fantástico com meu pai e falei do meu desejo. Ele se empolgou tanto com a ideia que me matriculou em umas aulas de espanhol. Mas, quando comecei a namorar o Guilherme, deixei o curso de lado e entrei pra turma dele de inglês. Hoje meu espanhol se resume a algumas temporadas de novelas mexicanas. Mais um sonho deixado na gaveta em troca de uma falsa estabilidade emocional. Foi quando eu respondi à pergunta sobre minha maior dúvida que eu tive certeza: *eu não estava onde deveria estar.*

Eu fazia Economia porque meu pai se dava muito bem na profissão e eu gostava de matemática. Quando soube que o Guilherme também iria fazer, eu fui na mesma onda. Era óbvio que eu não tinha escolhido estudar Economia por amor nem por prazer. Talvez eu não soubesse exatamente o que eu queria no momento, mas só de saber que eu não estava feliz já era um baita alívio.

Desde que terminei o namoro eu não sou mais a mesma e, francamente, nem voltarei a ser. Também não sinto tristeza por ter vivido assim durante tanto tempo, existe uma razão para tudo. Não fico mais tão triste de termos terminado; na verdade, eu agradeço. Talvez, se eu não tivesse passado por tudo isso, eu não me tornaria quem eu sou agora. E quer saber? Eu estou bem melhor assim.

Tem gente que cria de tudo após um término. Uns criam expectativa, outros criam decepções... Outros criam raiva do ex. Nada disso vale a pena. Eu penso que, se você quiser criar algo na sua vida, que seja resiliência. Atingir esse estágio de plenitude significa que você entendeu tudo. Resiliência não é sobre você suportar tudo, é sobre você conseguir se adaptar às más ocasiões que repercutem na sua vida.

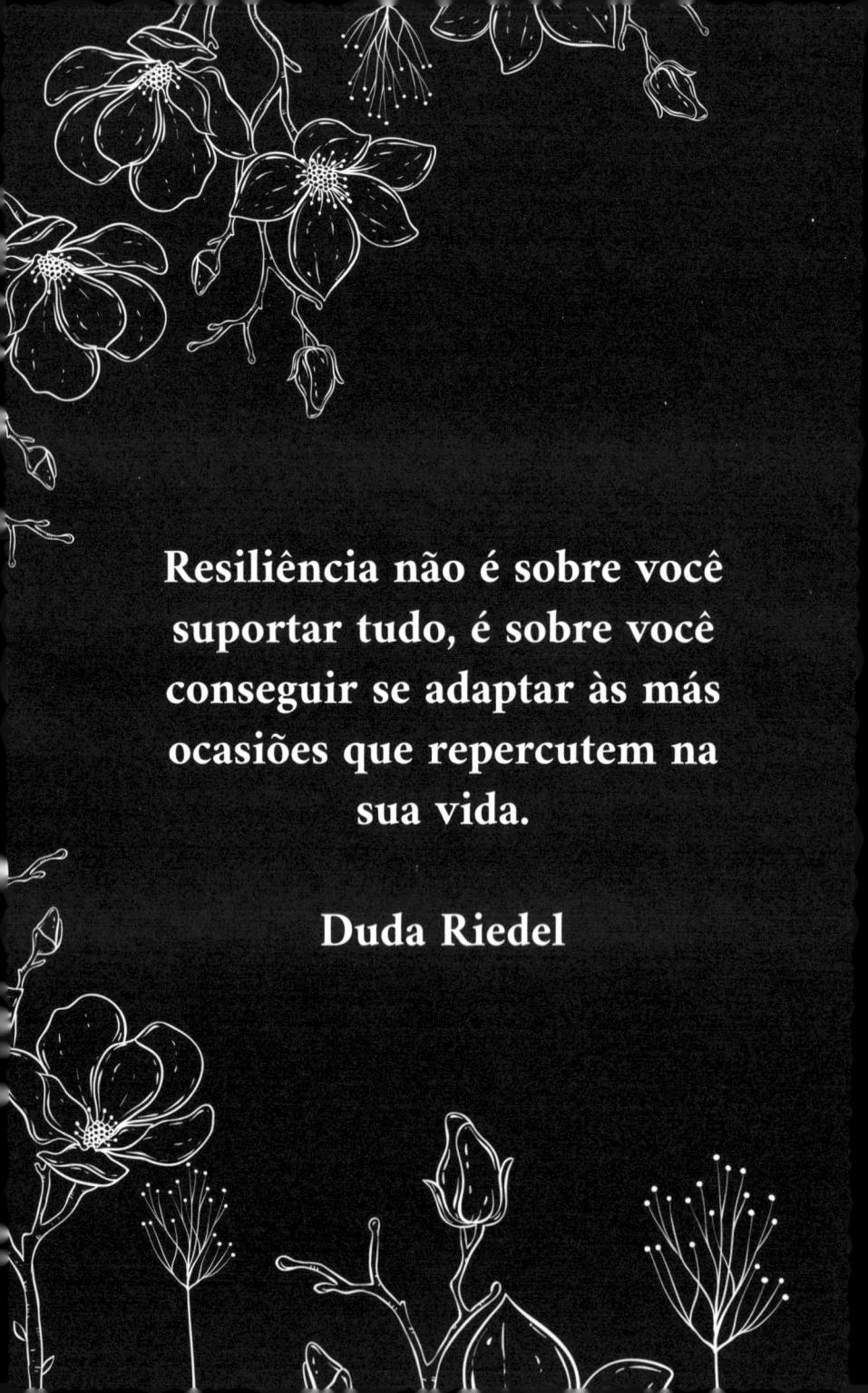

Resiliência não é sobre você suportar tudo, é sobre você conseguir se adaptar às más ocasiões que repercutem na sua vida.

**Duda Riedel**

Meu passado já me condenou muito, hoje não me condena mais. Atualmente eu prefiro agradecer pelos meus erros e tirar proveito do que eles podem me ensinar.

Pode ser que, após o revolucionário ato de se descobrir, alguns pensem que "você mudou", "não é mais a mesma", "o que houve com ela?", mas, na verdade, você só está se desprendendo dos rótulos que te deram e que te fizeram acreditar que você não poderia ser tudo o que queria.

Esse foi o caso do meu ex-namorado. Ele não se conformou em saber que eu, finalmente, estava me tornando uma adaptação reeditada do que eu era. Ele não sabia lidar com o fato de que agora eu priorizava minhas vontades, escolhas e desejos e não dava a mínima para o que ele ia achar disso.

Frequentar as mesmas aulas que ele já tinha dado o que tinha que dar. Na verdade, aproveitei uma semana em que eu estava inundada de autoconfiança para tomar a madura decisão de mudar de sala e não precisar mais encontrá-lo toda quarta-feira às nove da manhã. Mas é claro que isso não incluía deletá-lo da faculdade. Eu ainda o encontrava nos corredores e tentava, na maioria das vezes, ser simpática. Outros dias eu simplesmente não estava a fim e apenas o ignorava. Acho que isso feriu tanto o ego dele que ele achou interessante discutir o assunto.

— Sabe, Madu, eu tenho achado você diferente. A gente passou tanto tempo juntos e eu não te reconheço mais... — Francamente, ex-namorados nos cansam.

— O que você quer dizer, Guiga? — Pergunto com delicadeza, mas a vontade é de dar uma cortada.

— Você pode desabafar comigo, eu imagino o tanto que você sofreu... — Não vou me controlar. — Eu também sofri e, se quiser, a gente pode conversar.

— Sabe, Guiga... — E não me controlei. — Eu não tenho arrependimentos, somente gratidão a tudo o que vivemos. Porque depois que acabamos eu percebi o quanto eu precisava me conhecer, e o quanto eu estou melhor sem você. — Ex-namorados acham que o mundo gira em torno deles, mas não, a Terra gira é em torno é do Sol.

Eu estou irreconhecível, eu juro. Não foi necessário mudar externamente pra perceber que eu não sou mais a mesma. Eu não pintei o cabelo, não troquei de visual, não comprei roupas novas, nem me desfiz das velhas. Eu não apenas mudei, eu me reinventei. Sou totalmente diferente do que eu era há um mês. E não vou me assustar se daqui um mês eu me transformar mais um pouco.

Tenho ido cada vez mais fundo nessa conquista pessoal do amor-próprio. É quase um resgate diário.

Quem me vê hoje segura de mim, das minhas escolhas e dos meus sonhos não consegue acreditar que um dia eu já duvidei que eles existissem.

Estou ciente dos passos que tenho dado e concordo com todos eles. Pela primeira vez, eu me sinto inteiramente minha.

— Gostei de ver... — Ele apareceu rindo atrás de mim. — Não acho que você mudou, acho que foi ele que parou no tempo — o Rafa sempre tinha boas respostas.

— Às vezes, tenho medo de estar sendo grossa... — Reflito melhor — mas não é mais problema meu. Eu preciso pensar no que eu quero e preciso.

— Isso aí — ele olha tão dentro dos meus olhos que me sinto até tímida — Quer ir comer no Barney's depois da aula? — Isso é um encontro, não é?

— Quero — e depois me lembro de que eu já tinha marcado de ir no setor de intercâmbio da faculdade — mas não posso, se preferir podemos ir amanhã...

— Então tá. Amanhã.

Hoje eu entendo que eu sou meu melhor compromisso da agenda. Eu não me deixo pra depois, eu me priorizo agora. Pode parecer bobo, mas não é. Eu me importo demais comigo. Eu estou comigo o tempo todo e não abro mão. E, particularmente, depois que eu comecei a me colocar no topo a visão lá de cima ficou mais bonita.

É divertido e eu ainda dou boas risadas quando as coisas saem do controle. Ser de verdade tem um preço bem caro. É saber que você está em constante mudança. E tudo bem. É lidar com dias de caos e dias tranquilos. É, mais do que isso, entender que a instabilidade é o que nos move. Logo eu, que era a rainha do "tudo nos trilhos", hoje vivo meio *drama queen*, sem programar tanto os próximos passos.

O normal me cansa e me causa um tédio tamanho. Eu aprendi a dosar a minha energia e a escolher onde vou colocá-la. Eu não a desperdiço mais em locais que não merecem a minha atenção. Desse jeito sobra mais tempo pra me amar e me valorizar. **E que mulherão incrível eu sou, né?**

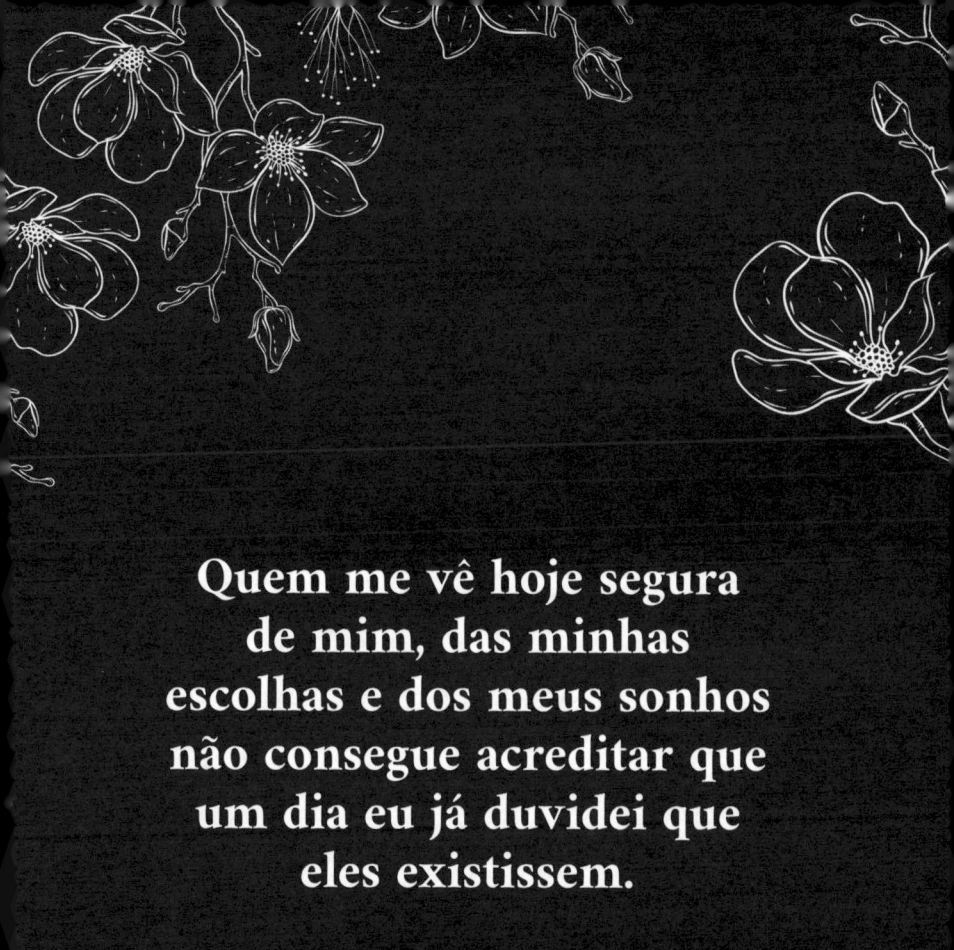

Quem me vê hoje segura
de mim, das minhas
escolhas e dos meus sonhos
não consegue acreditar que
um dia eu já duvidei que
eles existissem.

Duda Riedel

# CULTIVANDO O SOLO

Não basta só amar, é preciso se preparar. Se preparar pra, quem sabe, se entregar de novo, se frustrar de novo, quebrar a cara de novo. É preciso amar a ponto de querer tentar.

Duda Riedel

# • CAPÍTULO 10 •

Esse seria meu primeiro encontro depois de terminar o namoro e, mais do que isso, minha primeira saída com um novo cara depois de sete anos saindo com o mesmo cara. Nota a importância? Resolvi que, para manter a calma e os ânimos, eu ia tratar esse possível projeto de primeiro encontro como algo menos apavorante. Era pra ser apenas uma ida à cafeteria. Uma ida à cafeteria que me fez até vestir uma lingerie nova e fazer hidratação no cabelo.

Tentei disfarçar meu entusiasmo para não revelar o tamanho da emoção e das náuseas que eu sentia naquele momento. Era um misto de felicidade com "ME AJUDEM, POR FAVOR, ESTOU PRESTES A DESMAIAR DE TANTA ANSIEDADE". O nervosismo do primeiro encontro é algo normal, não é? *Eu espero que seja.* Nem conseguia decifrar direito o que se passava aqui dentro.

Então, comecei a sentir medo de não rolar nada e de eu me decepcionar. Também comecei a imaginar a possibilidade de ele querer e eu ficar sem graça e dar um fora. E, por último, e mais assustador, lembrei que a Bárbara comentou que nunca o tinha visto beijando ninguém. Ou seja, eu corria grandes riscos de querer

pra caramba e de ele não querer tanto assim. Essa última, sem dúvidas, seria a mais vergonhosa de todas.

Verdade seja dita, depois de amar intensamente e de quebrar a cara, sempre ficamos com medo de nos entregar de novo.

Em algum momento, comecei a perceber que eu precisava tratar isso com mais naturalidade. Deixei meu sol em áries descansar e preferi agir com meu ascendente em virgem. Modo racional ativado.

Durante a aula eu fiquei escrevendo tópicos sobre os quais poderia conversar com ele caso faltasse assunto e ficasse um silêncio ensurdecedor, mas estava tão inquieta que só consegui me lembrar de temas do tipo "e qual foi sua nota em Economia Financeira e Monetária?", "você gostava das aulas de Introdução à Ciência Política ou também achou que eram desnecessárias?", "acha que a crise de 1929 repercute até hoje?". Acho que estava um tanto quanto enferrujada para encontros. Os únicos que tinha eram com a Dra. Kyara às sextas-feiras.

O Rafael é muito bonito e misterioso. Ele não é do tipo que fala muito, mas sempre tinha colocações precisas. Eu sentia que me desmontava do lado dele e ficava sem graça. Não que minha confiança se abalasse e eu me sentisse inferior, era mais como se ele trouxesse dúvidas que me faziam refletir bastante.

— Aqui tem um crepe de Nutella muito gostoso — ele dá uma risadinha que me faz derreter toda.

— Eu não gosto muito de Nutella, prefiro doce de leite — a rainha dona de suas próprias vontades está atacada.

— Jura? Que bizarro. Eu também amo doce de leite, mas sempre peço de Nutella porque todo mundo prefere — pontos em comum? GOSTO! — mas confesso que achava que você não comia essas coisas, só laranja descascada durante o intervalo — e lá vamos nós falar de ex-namorado?

— Era tangerina, mas agora ele é quem come laranja — rimos mais uma vez — na verdade eu não sabia muito bem do que eu gostava, mas definitivamente doce de leite é muito melhor que Nutella... Ou laranja.

Olho fixamente para ele e sinto que minhas pernas já estão bambas de nervoso. Não vai funcionar puxar assunto sobre finanças agora, não é? Tento desviar o olhar, mas ele encosta no meu queixo e minha ansiedade diminui. Tento ver se ao redor há alguém que possa contar para meu ex-namorado o que está rolando por aqui. Mas, *que droga*, por que esses pensamentos vêm à tona justo agora? De repente ele me beija e tudo perde o sentido. Gente, ele não era o tal do misterioso que nunca era visto beijando na boca?!

Eu penso que um dos maiores medos que eu tinha após o término do namoro era de me relacionar com alguém. Por isso, evitei ao máximo sair com todos os caras que, em tese, eu conhecia melhor. Eu sei que é estranho, mas dentro de mim surgiam duas grandes questões.

1. Sair com alguém diferente depois de tanto tempo vivendo com uma só pessoa;

2. Cair na mesma cilada de antes.

Só me envolvendo com alguém eu poderia efetivamente colocar à prova se tudo o que tinha aprendido após o término tinha valido a pena. Esse seria o teste de fogo. Eu insistia constantemente em dizer a todos que eu não queria criar expectativas. *Era minha forma de me defender.* Até que tudo caiu por terra quando comecei a ser desestabilizada pelo Rafa.

Hoje as pessoas têm medo de sentir e, mais ainda, elas sentem pavor de demonstrar que sentem. Isso gera uma série de prejuízos: primeiro, elas se culpam por sentirem; depois, elas se culpam por terem dito o que sentiam e, por fim, elas se culpam por terem deixado as expectativas arruinarem tudo. Afinal, qual é o problema de assumir que você criou esperanças?

Falar que você não está sentindo algo não anula o que você sente, você apenas finge que não está sentindo. Quando você mente pra si mesma, você não se priva de sentir, você só posterga o que já vai surgir de qualquer jeito.

É melhor ser sincera e não omitir a verdade. "Estou criando expectativas sim, posso quebrar a cara sim, e tudo bem". Não é a primeira nem a última vez que você vai criar esperanças. Assuma seus sentimentos, pare de abafar suas emoções, pois lidar com a dor é melhor que ficar inibindo-a. Nessa de dizer que você não quer sofrer, você já está sofrendo por não poder.

Teoria entendida, agora era hora de seguir meus próprios conselhos. Uma mania hilária que eu tenho é de criar minhas próprias estratégias para negar meus sentimentos. Sendo que eu crio expectativas o tempo inteiro, então não adianta de nada. Mentir pra mim mesma de novo? Isso não duraria muito, não é? E não durou.

Seria necessário um relatório completo pra averiguar o que pra muitos já estava óbvio, mas que pra mim ainda era confuso. Ainda sinto dúvidas sobre isso. Não consigo identificar direito porque tudo parece muito novo, embora eu já tenha vivido essa sensação. *Mas agora é diferente.* O que eu tenho por ele é mais do que química, é algo que transcende os sentimentos e se demonstra nas minhas ações. De fato, parece um derrame. O coração palpita, dá borboleta na barriga e falta de ar.

Eu preciso ser franca porque eu noto que essa relação com o Rafa me leva a lugares onde eu nunca estive. Talvez seja preciso investigar melhor antes de ser precisa no meu diagnóstico, mas faz tempo que não sinto o que eu estou sentindo agora. *É isso que me assusta.*

Verdade seja dita, depois
de amar intensamente e
de quebrar a cara, sempre
ficamos com medo de nos
entregar de novo.

Duda Riedel

# DESABROCHAR

Se o amor bater na sua porta, receba-o. Não o deixe esperando do lado de fora. O amor não é o culpado, ele é vítima por também não ter sido amado.

Duda Riedel

# • CAPÍTULO 11 •

Em poucos dias nós começamos a nos ver com mais frequência. As idas à cafeteria depois da aula se tornaram jantares a dois, idas ao cinema e piquenique no parque. Não dava mais pra distinguir o que eu esperava do que eu queria e do que eu precisava. Eu havia jogado toda a psicologia e a racionalização no lixo, possivelmente eu estava me apaixonando.

Era impossível não fazer uma análise ou uma comparação entre a relação que eu tinha com o Rafa e a que um dia eu tive com o Guilherme. Eu me sentia um pouco maligna por pensar nessas coisas, mas não dava pra evitar. O abismo entre os dois era gritante.

Dizem que quando estamos apaixonadas temos mania de florear as relações. De fato, sou *expert* nisso. Mas, ao mesmo tempo, eu conseguia enxergar um relacionamento mais maduro desabrochando. **Disposição e potencial precisam estar presentes em uma relação**, e era incrível a capacidade do Rafa de se dedicar a nós.

Eu vejo um relacionamento mais maduro não só por achar o Rafa melhor do que o meu ex-namorado,

mas principalmente por eu estar melhor pra mim. Isso, sem dúvidas, faz toda a diferença. Antes de você buscar alguém, é necessário que você tenha se encontrado. A base para uma relação é construída a partir das sementes que você planta em si. Não tem como levantar um tronco antes de as raízes crescerem, não é?

Já fazia mais de um mês que estávamos saindo e não era como se eu precisasse da sua presença ao meu lado, eu apenas gostava dela. Eu sentia que podia ser e me descobrir ao lado dele. Sem cobranças e sem julgamentos. Ele complementava algo que já me fazia bem, não completava um vazio existente.

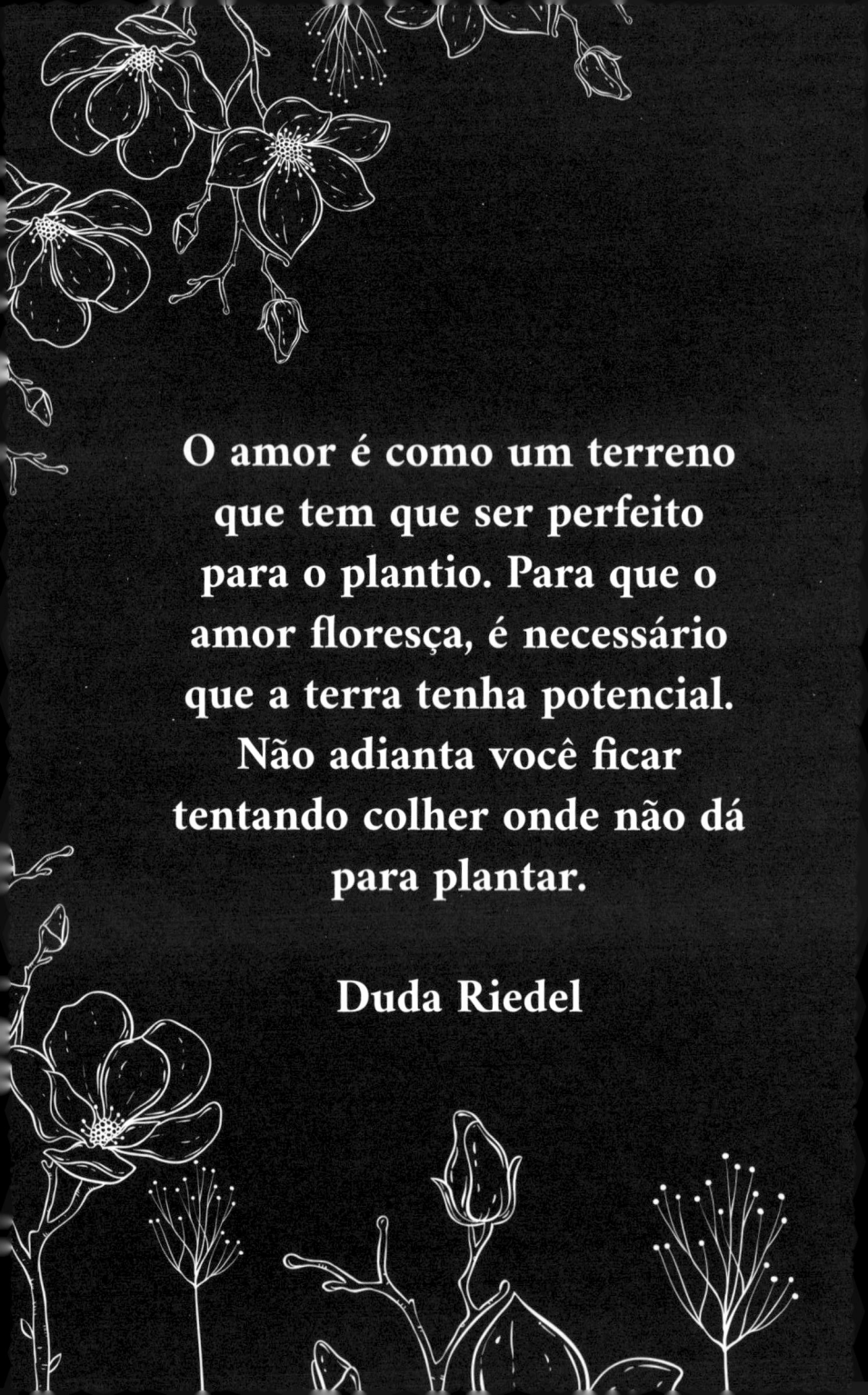

O amor é como um terreno que tem que ser perfeito para o plantio. Para que o amor floresça, é necessário que a terra tenha potencial. Não adianta você ficar tentando colher onde não dá para plantar.

**Duda Riedel**

Eram 2h55 da manhã. Tínhamos passado a noite assistindo filmes de terror. Dou cada vez mais risada dos meus gostos peculiares. Realmente, aqueles filmes de ação que eu assistia com meu ex-namorado não correspondiam a quem eu sou. Quem diria?

— Acho que não vou aguentar ver *Jogos Mortais* às 3 da manhã e dormir sozinho — ele abre o menu principal da *Netflix* e acende o abajur ao lado da cama.

— Isso é um convite para que eu durma aqui?

— Na verdade, é um convite para que a gente assista a um filme menos aterrorizante — olho com reprovação — e um convite para que você durma aqui... Se você quiser.

Ele me beija e eu vejo que, nessa fração de segundos em que nossos lábios se entrelaçam, os momentos são eternizados. É como se a hora parasse quando estou com ele. Me sinto uma personagem de um daqueles filmes que eu assistia com 15 anos.

— Que tal uma comédia romântica? — Ele me olha sorridente.

— Você é inacreditável. Com esse jeito de "sou misterioso, não vou beijar você" e querendo assistir um filme bobo.

— Eu não disse que ia assistir o filme... — noto a malícia do olhar... *E gosto.*

Eu consigo detalhar tudo o que eu sinto ao lado dele. Na verdade, é justamente sobre isso: mil sentimentos e sensações em um só verbo. Já estava escrito nas entrelinhas, mas eu tinha medo de concordar. *Era amor. Mas também era medo de amar.*

— Mas eu gosto de um bom romance... Você não? — Esse olhar dele me destrói.

— Às vezes o clichê me dá preguiça. Amor não é como em filmes.

— O que é amor pra você? — Ele me pergunta. Termos de conversar sobre isso me dá cólicas.

— Acho que amor é plantio... — Tento me esquivar e ele olha sem entender. — É você plantar uma semente todos os dias em uma terra com potencial. Mas não deixar, principalmente, de regar o seu próprio terreno.

— Isso não faz sentido — ele dá uma risada.

Não posso negar que pra mim isso faz todo o sentido. Você só conseguirá dar conta de um terreno externo quando aprender a cuidar do seu próprio terreno. **Não adianta querer cuidar de tudo e não cuidar de si.**

Quando eu namorei, eu insistia muito no meu relacionamento e pouco em mim. Eu focava no externo e esquecia de olhar pro que era meu. O amor é como um terreno que tem que ser perfeito para o plantio. Para que o amor floresça, é

necessário que a terra tenha potencial. Não adianta você ficar tentando colher onde não dá para plantar.

Eu já insisti muitas vezes em terra inútil por pura teimosia. Então perdi anos de plantação, fiquei frustrada, com medo de tentar novamente e colher outro fruto podre. Mas não é porque um terreno *errado* nos deu prejuízo que todos os terrenos nos darão. É necessário investir aos poucos até de fato começar a colheita.

Por isso, amor é assim: **investimento e não insistência.** Se florescer, ótimo, você tem algo bom. Senão, ótimo, você ainda tem a sua própria plantação. Eu aprendi algo fundamental ao começar a me entregar para o Rafael: o relacionamento que temos com o outro sempre será uma extensão da forma como nos relacionamos conosco.

Por isso é tão importante se amar primeiro, para, então, se agregar ao outro.

Uma relação precisa te somar e não te sugar. Caso contrário, você vai, mais uma vez, se decepcionar com o amor. Não adianta ser controladora, pois isso não vai te dar mais segurança. **Uma relação deve fluir naturalmente para ambos os lados.** Por isso são tão importantes os pilares que fazem o amor dar certo. Amor é doação do que você tiver para doar. Quanto mais eu me relacionava com o Rafa, mais eu percebia o quanto ele me aproximava da minha verdade. *Ele tem o dom de me fazer focar em mim.*

Todo sábado eu dava aulas de matemática para as crianças, mas faltei uma vez para ajudá-lo a estudar para a prova final de cálculo. Se ele não tirasse pelo menos 9,5, seria reprovado.

— Me sinto honrado de saber que a senhorita perdeu um de seus grandes compromissos para me ajudar — o seu senso de humor é contagiante.

— Sinta-se mesmo, pois eu sempre gosto de me priorizar — dou uma alfinetada e um beijo nele.

— Madu, você já percebeu o quanto é boa nisso?

— Matemática? Ou beijar? — Respondo debochando, porque eu sei que realmente sou muito boa.

— Não, nisso você também é boa... — Ele me dá um beijinho no ombro e, por um momento, até esqueço que estamos estudando — Mas você é boa em desenhar... Olha, eu nunca tinha entendido esses gráficos tão bem como agora. Você já pensou em fazer algum curso no qual possa usar melhor sua habilidade no desenho... Tipo Arquitetura? — Me desespero só de pensar em mudar de faculdade e me levanto rapidamente.

— Não viaja...

— Falo sério. Você vive triste no seu estágio. Por que você não tenta? Semana passada você disse que não gostava de Economia.

Essa pergunta boba me fez repensar as minhas escolhas. Era o que faltava pra fechar todo o quebra-cabeça que eu havia começado e cujo desenho eu ainda não compreendia. Eu gostava de desenhar e sentia que eu era boa nisso. Eu amava Buenos Aires pelos lindos prédios históricos do centro, mas será mesmo que eu queria estudar Arquitetura?

A verdade é que eu só saberia tentando. Enquanto o Rafa terminava de estudar, peguei o computador e comecei a pesquisar mais sobre o curso de Arquitetura e Belas Artes da Universidade de Buenos Aires. Embora eu estivesse eufórica e animada, eu sabia que não seria fácil.

Na semana seguinte, fui todos os dias ao Departamento de Relações Internacionais da faculdade para tentar entender mais sobre o processo de matrícula em uma universidade estrangeira. Me matriculei em um curso on-line de espanhol para desenferrujar a língua. E fiquei até tarde da madrugada estudando as provas de seleção anteriores. Dedicação não faltou, mas na vida nem sempre você pode contar apenas com o seu esforço. Uma pitada de sorte também é essencial. Caso eu fosse boa nisso, eu teria uma resposta. Caso eu não fosse, eu seguiria levando a mesma vida de antes.

Ultimamente, eu confesso, tenho jogado um pouco para o universo a responsabilidade de tomar as decisões que eu não quero fazer. Pode ser uma espécie de fuga, já que eu tento não ter mais controle de tudo o que acontece ao meu redor, mas eu me sinto mais leve assim. Francamente, já perdi tempo demais planejando tudo. *Quero tirar férias dessas obrigações!*

Tomar decisões é como fazer uma prova de múltipla escolha sem ter estudado. Uma resposta está certa e outras várias estão erradas. O percentual de acerto é mínimo, mas ainda temos chance. No final das contas, se você tiver sorte, você acerta e ninguém vai saber que você não estava preparado. Eu não estava preparada pra tomar nenhuma decisão, mas, sem dúvidas, eu podia contar com a sorte de decidirem o meu futuro por mim.

O relacionamento que
temos com o outro sempre
será uma extensão da
forma como nos
relacionamos conosco.

Duda Riedel

# TEMPO DE COLHEITA

Um dia você vai sorrir por todas as vezes que te fizeram chorar e, quando esse dia chegar, não se esqueça de agradecer. Um dia você quis ter esperança, portanto, agora tenha gratidão.

Duda Riedel

# • CAPÍTULO 12 •

É engraçado como fazia apenas um ano do meu último aniversário e tanta coisa havia mudado. Esse foi, sem dúvidas, o melhor dos últimos oito anos. É real que depois da tempestade vem o tal do arco-íris. E algumas coisas ainda podem nos surpreender mais ainda.

Eram duas horas da tarde e eu estava faminta. Fui até a geladeira e não tinha nada que me agradasse. De repente, minha mãe entrou pela porta com uma bandeja de quibe de abóbora. O cheiro estava delicioso, mas a expressão dela me chamou ainda mais atenção. Ela segurava uma carta que logo me entregou. Já fazia tanto tempo que eu tinha me inscrito para a Faculdade de Arquitetura, Desenho e Urbanismo da Universidade de Buenos Aires que nem esperava mais um retorno. Mas ele apareceu.

— O que diz? — Ela perguntou, inquieta.

— "Estamos felizes em tê-la conosco" — olho novamente pra ter certeza — eu entrei? — Questiono, ainda sem entender.

— SIM! Madu, você está dentro! Você vai fazer faculdade em Buenos Aires — ela vibrava tanto que parecia ser com ela.

— Mas... E agora? O que eu faço? Vou ter que me mudar para outro país! Não sei nem por onde começar — Eu continuava desorientada.

— Vamos organizar tudo!

Só me lembro do tanto que eu me esforcei pra fazer algo por mim. Finalmente, aconteceu. Levou tanto tempo, foi tão difícil e, agora que, enfim, consegui, eu me sinto ingrata de não me sentir completamente feliz. É um misto de emoções.

Vendo tudo o que eu conquistei neste ano, sinto um orgulho tremendo, mas, ao mesmo tempo, a insegurança bate na porta e me faz a fatídica pergunta: "você está pronta?". É, eu não sei se estou. É um pouco difícil de compreender, mas, depois que a gente chega em um novo lugar, ocasionalmente a gente também deixa um pouco do anterior pra trás.

**Todos carregamos uma grande bagagem coberta de lembranças, memórias e emoções. Ao longo da vida, levamos essa mala conosco, mas, às vezes, o peso dos sentimentos faz com que fiquemos parados e não sigamos viagem. Torna-se necessário que nos desfaçamos de algumas emoções para que possamos prosseguir.**

É óbvio que o Rafa vem à minha mente neste momento. Estamos bem, felizes. Finalmente, me sinto amando de verdade. Desabo em choro ao pensar que terei que ficar seis anos longe dele. Por um momento, eu me reprimo por pensar em desistir de algo mais uma vez devido a um relacionamento, mas depois me acalmo e me permito.

Não é que eu me permita desistir. Eu me permito ficar triste e entendo que sentir tristeza não é nada fora do normal. Eu não poderia ser fria ao ponto de dispensar essas ideias e fingir que elas não existem. É claro que pensei nele, é mais claro ainda que pensei em *nós*.

Torna-se difícil seguir em frente com tantos sentimentos que nos confundem e nos puxam pra trás. É desafiador dar um passo adiante lembramos o quanto o agora está bom. Você, pelo menos uma vez, já se sentiu inseguro sobre suas decisões? Já pensou se sua escolha valeria mesmo a pena?

Não é sobre escolher entre o que é ruim e o que pode melhorar. Isso é fácil. Difícil é decidir entre o que já está bom e o que talvez seja melhor. É mergulhar na incerteza da sua decisão. **Quando se ama, a despedida é difícil.**

Você já teve a sensação de que certos sentimentos te prendiam por que você não conseguia se desfazer deles? A verdade é que o tanto de peso que

você dá a certas relações faz com que você fique estancado nelas. Isso aconteceu comigo antes. É impossível carregar mais do que você pode suportar.

**É preciso se desfazer para continuar. É necessário ter força e saber guardar o sentimento dentro do coração para prosseguir com suas próprias escolhas. É essencial se dar a oportunidade de seguir em frente e de conquistar novas bagagens.**

A vida é feita de ciclos. Um termina, outro inicia. E assim por diante. Nada é pra sempre, estamos em constante renovação. Mas custa tanto aceitar, não é? Honestamente, nós sempre queremos que algo novo aconteça, mas nunca estamos preparados pra receber a novidade, pois mudar requer paciência e coragem.

Lá estava ele, parado na cafeteria, tomando seu café passado com crepe de doce de leite. Puxo a cadeira e imediatamente meus olhos se enchem de água. Prometi a mim mesma que eu sempre seria honesta em qualquer relação que eu tivesse, pois foi muito doloroso guardar tudo pra mim no meu relacionamento anterior. Ainda mais para ver tudo dando errado depois. Então, mesmo com medo de colocar tudo a perder, eu falo tudo o que precisa ser dito.

— Ei, pequena, você estava chorando? — Meu olhar me denuncia.

— Rafa, eu entrei... — Ele arregala os olhos e se engasga com o café.

— Você não está feliz?

— Estou, mas... E a gente?

— Madu, nós não temos nada sério... Eu estou feliz por você e jamais ousaria te inibir de seguir o seu caminho...

Confesso que ouvir "não temos nada sério" me deu uma pontada no coração. Será que, mais uma vez, o relacionamento que eu acreditava ser tudo não significava nada? A vida ia me mostrar de novo que eu dava muito de mim e a outra parte não me valorizava? Que tipo de amor eu crio que sempre me frustra?

— Nada? — Pergunto, intrigada.

— Eu te amo... — Meu coração gela por um segundo. — Mas eu também amo saber que você vai realizar seus sonhos... O propósito desde o início era esse, lembra?

Encontrar a pessoa certa leva tempo, e ela pode surgir no momento errado. Que difícil é quando isso acontece.

**Amor é para as pessoas
dispostas, mas, sobretudo,
para as pessoas que têm sorte.
Para viver o amor que se deseja
é também preciso estar
disponível para que ele aconteça.**

E algumas vezes não estamos. Não é porque não amamos o suficiente. Em alguns casos, é porque amamos demais e sabemos que, naquele momento, não podemos dar o que o outro merece.

Amar é também saber sair de cena. Amar é entender que, de vez em quando, é necessário deixar o outro fazer um voo solo. Deixá-lo livre para brilhar e descobrir um horizonte do qual nós não poderíamos fazer parte.

**Amar é talvez não habitar a vida
de quem se ama, mas, ainda
assim, morar dentro do coração.**

# UM NOVO JARDIM

Temos que ter coragem para
descobrir novos lugares,
mesmo que para isso
tenhamos que nos desfazer
de antigos caminhos.

Duda Riedel

# • CAPÍTULO 13 •

É verdade, todo mundo já levou um pé na bunda, ou então vai levar em algum momento da vida. Minha amiga, não tem como sair ileso dessa. Simplesmente não tem como, faz parte do reino humano. Acabar relacionamento está no manual da vida e é até relativamente bom porque a gente cria anticorpos. Olha só pra mim.

No primeiro momento — vamos ser sinceras — ficamos despedaçadas, mas depois? Ah, depois a gente dá risada, diz que foi mais drama do que dor, ri da cara do ex-namorado e até nega que sofreu a esse ponto. Mas na hora não tem como, a gente fica acabada. E acho que o principal problema é que o pé é na bunda, mas e o soco? Esse aí vai direto no coração.

"Ah, mas se todo mundo já levou um fora e se já até nos acostumamos, por que isso te dói tanto?" Pois é, bela pergunta. Eu não sou capaz de te responder. O meu último e único fora da vida não só me despedaçou como machucou meus sentimentos e arrasou com meu ego. Isso pega na vaidade da gente, acho que você sabe bem como é. Levar um nocaute desses é como perder a visão. A gente fica sem rumo, sem perspectiva e sem

coragem de enfrentar a vida por um tempo. Mas uma coisa eu posso te garantir: vai passar.

E você, que está aí, triste por um amor afundado, deve estar ansiosa pra saber quando essa dor acaba, não é? A verdade é que sofrimento não tem prazo de validade, ele não tem um cronograma que diz "olha, daqui a 72 horas você vai parar de sofrer". Se isso te conforta — ou não — eu sofri muito quando acabei com o Guilherme e mais ainda quando deixei o Rafael.

E sofrer não é apenas ficar na cama chorando com um balde de pipoca na mão enquanto assiste a filmes do John Green. O sofrimento vem espaçado, talvez por isso seja tão difícil esquecê-los. Você acha que já está bem, mas sempre vem um resquício daquele sentimento. Às vezes eu acreditava que "PRONTO, FINALMENTE SEGUI EM FRENTE!". E aí bastava uma memória e eu me lembrava da gente.

E então começa a falta. Falta tudo depois de um término. Falta vontade de seguir em frente, falta vontade de conhecer gente nova, falta vontade de sair com as amigas, falta vergonha na cara quando a gente procura o ex. A única coisa que nunca falta — na verdade até sobra — é a vontade de esquecer. Esquecer um grande amor é tão difícil que parece um filme de missão impossível.

Você já se sentiu incompreendida e, quem sabe, até um pouco perdida nessas horas? Com raiva de si mesma por simplesmente não conseguir esquecer quem te fez sofrer? Bate uma raiva, mas uma raiva inexplicável. É tão óbvio que não devemos dar espaço em nosso coração pra quem um dia já o massacrou. Mas a gente dá. E a gente não dá um espacinho pequeno não, a gente dá o metro quadrado inteiro. Que raiva que bate.

Só que talvez amor não seja sobre esquecer, porque nós não esquecemos traumas, nós os superamos. É isso. Não é preciso deletar o que foi vivido da mente, é necessário ter preparo emocional para lidar com os amores passados de forma saudável. Há uma diferença gritante entre esquecer quem fez parte da sua vida e superar quem se fez presente nela, mas não se faz mais.

Ex-namorados não foram feitos para serem esquecidos, e sim para que consigamos superá-los. Para que consigamos olhar pra trás e lembrar que vivemos momentos bons, mas que agora é hora de seguir carreira solo e não dar mais vaga pra quem nos machuca.

A grande questão é que ninguém supera um amor da noite para o dia, isso leva tempo. Não apenas o tempo de fazer o amor se tornar indiferença, mas principalmente o tempo de depositarmos mais amor em nós mesmas. Ninguém supera um amor com outro,

o nome disso é substituição. Superamos amor nos amando e entendendo que não existe ninguém mais importante no mundo do que nós mesmas. Quando nosso amor-próprio está em dia, nosso amor se eleva e não falta tempo pra sofrer por quem já foi, pois já estamos ocupadas nos amando demais...

Eu já estava há um mês na Argentina, vivendo os melhores dias da minha vida. Ainda assim, às vezes, eu ainda me perguntava se tinha feito a coisa certa, se eu não deveria ter ficado na minha cidade e desfrutado, pela primeira vez, de um amor genuíno. Essa resposta eu nunca terei.

É difícil, sem dúvidas. Hoje eu compreendo que não controlamos o que sentimos. Torci todas as noites para que minha intuição estivesse certa e para que eu não me arrependesse depois. Eu sabia que tinha sido melhor assim. Embora eu ainda me pegue segurando aquele boné com o cheiro do shampoo dele, foi melhor ter partido.

Já cheguei a arrumar as malas e a querer voltar pra casar pra viver tudo ao lado do Rafa, mas pra isso eu também teria que dar adeus a essa minha oportunidade. Eu já abri mão de tanta coisa... Não é momento. Agora é hora de ser fiel ao caminho decidido por mim e não olhar pra trás.

**A vida é feita de escolhas e cada decisão é acompanhada de uma renúncia.** Não podemos viver todas as possibilidades e nunca estaremos 100%

satisfeitos e plenos com uma decisão. Ainda haverá dúvidas e incertezas que vão vagar pela nossa mente vez ou outra.

Minha decisão não podia ser plural e o momento era meu, totalmente singular. A história mudou um pouco porque eu escolhi o meu próprio final: a realização dos meus desejos. Afinal, já tinha deixado muitos deles de lado. Acho que agora eu posso afirmar que aprendi a me priorizar. Como eu poderia viver um sonho de relação a dois sem sequer ter realizado um sonho meu sozinha?

Eu tinha que me dar o poder de escrever o meu próprio capítulo. Tudo foi natural e ninguém saiu machucado. Eu escolhi o que era melhor pra mim e ele acatou sem achar ruim. Mas ainda dói, sabe? Dói ter feito um pouco do que já fizeram comigo, embora em situações completamente distintas.

Prefiro pensar que não foi em vão. Que todo aquele lindo romance que vivemos foi importante para eu me reconstruir e ter mais certeza de mim. Dizem que tudo acontece com um propósito. Talvez o nosso fosse justamente ele me mostrar que eu poderia ser fiel a mim sem ser egoísta com os outros.

Agora eu admito que, às vezes — ok, muitas vezes — eu gosto de repetir baixinho no banho que "não era pra ser". Isso me dá um certo conforto e me tira aquela angústia de ter deixado passar um amor

verdadeiro. Não era pra ser porque, se fosse, eu não estaria desfrutando de tudo o que sonhei. Fiz tudo o que eu achei que fosse melhor pra mim e, mesmo que não tenha sido a decisão certa, foi a decisão necessária.

Realmente, o amor acontece para os que não estão procurando. O universo poderia contribuir colocando o Rafa na minha vida depois de eu ter vivido tudo isso, mas não. O universo contribuiu para que eu levasse um pé na bunda, descobrisse meu valor, me envolvesse verdadeiramente com alguém para, no final, me fazer um teste. Um teste de amor-próprio. Eu ainda não sei se passei ou não, mas espero que sim.

Eu sei que me amo, eu sei que sou a pessoa mais importante da minha vida, mas certos coadjuvantes também têm um lugar no meu coração. Ele tem um espaço dentro de mim.

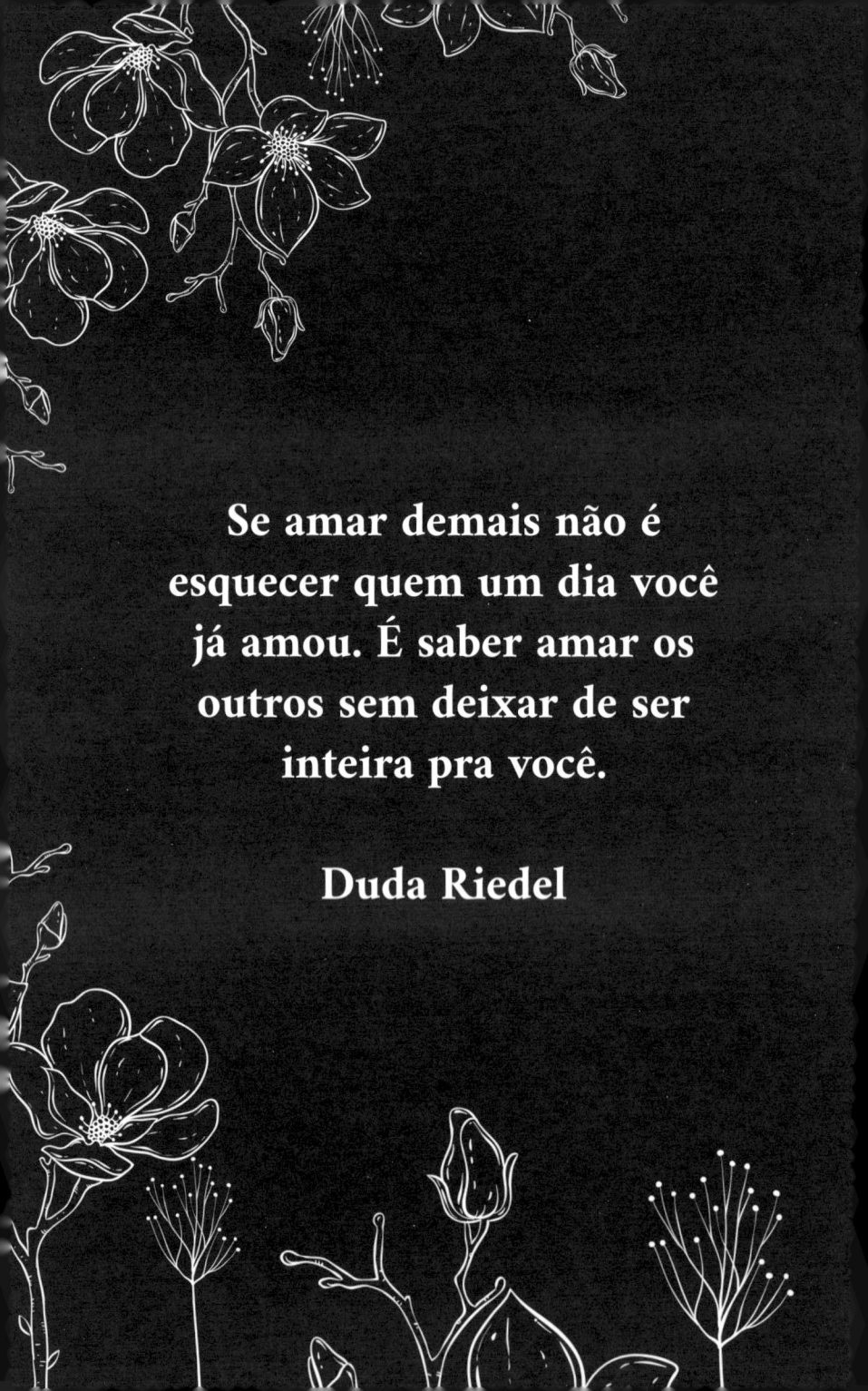

Se amar demais não é esquecer quem um dia você já amou. É saber amar os outros sem deixar de ser inteira pra você.

Duda Riedel

Se amar demais não é esquecer quem um dia você já amou. É saber amar os outros sem deixar de ser inteira pra você.

Enquanto volto pra casa depois de um dia de aula, paro na frente da padaria e procuro pelo crepe de doce de leite. Olho pro balcão e só tem de Nutella. Reviro o olho. As pessoas têm mania de seguir a moda. Olho o Miguel, um brasileiro que trabalha como garçom pra tirar uns trocados, e pergunto:

— Mi, acabou o de doce de leite? — Sempre tinha, pois eu era a única que comia.

— Acabou tudo, Madu. Um cara levou a bandeja inteira. Mas se quiser posso pedir pra você, só que vai demorar — o frio não permitia que eu esperasse.

— Deixa pra próxima, então... — E sigo de volta pra casa.

Eu fiz minha escolha e lido com ela, mas não nego que, de vez em quando, eu me saboto e me permito romantizar um pouco o que passou. Vira e mexe a saudade aparece e eu tiro proveito. Deixo que ela dê as caras e faça um pouco de morada. Eu sei que essa saudade é boa e me faz guardar o amor que temos dentro de um lugar seguro.

Às vezes, a saudade é injusta e não deixa que eu a mate. Ela fica ecoando dentro de mim até que eu procure consolo em coisas que me fazem lembrar dele, como, por exemplo, comer um crepe de doce de leite com café passado. E como é bom recordar o que nos fez bem.

É engraçado como, às vezes, de tanto lembrar, parece que eu começo a enxergá-lo em certos lugares. Um dia desses, eu estava parada no ponto de ônibus quando vi um rapaz de moletom cinza e barba por fazer correndo desajeitado. Olhei fixamente só pra ter certeza de que não era ele.

Em outros momentos, eu coloco hip-hop no meu quarto e consigo visualizá-lo fazendo aqueles passinhos desengonçados. Até posso ouvir sua voz dizendo "isso, pequena, agora só falta ter ritmo". É hilário. Fico tão feliz que penso nele com carinho, porque sei que ele também pensa em mim assim.

Dou mais dois passos e vejo uma sombra na calçada do meu prédio. Acho que a saudade alcançou níveis jamais imaginados. Sei que às vezes fantasio que o Rafa está na minha frente, mas agora é diferente. Puxo meus óculos de grau pra ter certeza do que vejo e meu coração se acelera tão rápido que penso que a conta dos meus batimentos cardíacos já foi perdida.

— Rafa, o que você está fazendo aqui??? — Meus olhos já lacrimejavam.

— Você disse que não ia desistir do seu sonho... E nem eu do meu — ele me mostra uma chave.

— Você se mudou? Mas e a faculdade? — Eu não queria que ele cometesse o mesmo erro que eu já tinha cometido antes.

— Você sabia que nossa universidade tem atividade de férias pra quem participa dos jogos aqui em Buenos Aires? E o mais incrível é que isso conta como hora extra.

— Então você vai conseguir realizar o seu sonho de trabalhar fazendo o que gosta — olho pra ele ainda sem acreditar.

— É, mas o sonho não é esse... — Continuo sem entender. — O sonho é comer o melhor crepe de doce de leite em frente ao rio com você. — Ele me mostra uma bandeja coberta de crepes.

— Rafa, mas eu não quero que você faça as coisas por mim, eu... — Ele me interrompe.

— Eu nunca quis te privar de viver... Quando eu disse que não tínhamos nada, foi porque eu queria acreditar nisso, mas esse último mês não fez sentido sem você. Um dia você falou que amor não é feito de duas metades, e sim de duas partes que completam uma área. É sobre dar o que você puder. Quando eu precisei, você me deu 99%, enquanto eu só pude te dar um. Agora eu quero retribuir e construir o que falta.

— E se não conseguirmos?

— O importante é que o nosso terreno tem potencial.

A vida sempre dá um jeitinho de nos surpreender. No final das contas, estamos interligados. A construção do final não é exclusividade minha, ela sempre pode ter uma contribuição de fora. O final não é óbvio, pois nunca existirá um final. Os ciclos se renovam e a cada nova fase há uma nova história.

O que importa, de verdade, é seguir o seu caminho, aprender a se amar, buscar seu conhecimento e enxergar áreas com potencial onde você pode plantar. Se o fruto brotar, desfrute. Se não, volte ao seu cultivo. A vida se encarrega de te dar novas plantações quando uma não funcionar. O que você não pode, de maneira alguma, é deixar de cuidar da sua terra.

Tenho cuidado do meu terreno e ele anda bem florido. Mas isso só aconteceu quando eu parei de semear onde não existia potencial.

**O amor brota. Mas, antes, você precisa aprender a cultivar seu amor-próprio primeiro.**

# CARTA AO LEITOR

Querida leitora ou querido leitor,

ultimamente tenho me questionado mais sobre o amor e as formas de amar. Tenho pensado no quanto ele foi banalizado e desacreditado. Penso que, cada vez mais, as pessoas têm medo de se entregar. Amar, atualmente, é arriscado.

Queria te dizer: não tenha medo de amar. Mesmo que você já tenha sofrido por amor. Não tenha medo de pensar que, mais uma vez, você pode vivenciar outra versão do amor. Pois o amor se reinventa, o amor amadurece, o amor evolui. Mas, para que isso aconteça, é extremamente necessário que você acredite em si e que se ame primeiro. Não existe amor ao próximo sem amor-próprio.

O amor não completa, o amor complementa. É preciso que você tome consciência de que, antes de tudo, você precisa se preparar para amar. É necessário que você tome as rédeas do seu amor para, então, poder se entregar. Antes de você plantar uma semente em alguém, tenha um jardim dentro de você.

Eu espero que este livro acenda a chama e te faça pensar que, sim, ainda é possível se relacionar. O universo sempre te dará provas fiéis de que vale a pena acreditar. Não ignore o amor. Ele não é o culpado. A culpa é do medo de amar.

# AGRADECIMENTOS

É preciso ter fé. Ter fé para realizar todos os sonhos que você sonhar. Eu tive fé e hoje estou aqui. Estou publicando meu primeiro livro físico depois de tanto tentar. A vida foi boa comigo, embora tenha sido dura. O câncer, mesmo sendo cruel, me deu asas para voar. Não tenho raiva do que aconteceu, pois aprendi a agradecer pelo que tem acontecido.

Ao meu lado, durante toda essa jornada, encontrei pessoas abençoadas que me ajudaram a concretizar minhas metas. Metas essas que foram projetadas dentro de um hospital, em meio a doses altas de quimioterapia. Escrever um livro, um romance, me permitia tirar o foco da doença e enxergar outras possibilidades. Publicar um livro depois de ser transplantada me fez ver que a vida não tinha acabado: ela tinha recomeçado.

Gostaria de, primeiramente, agradecer a Deus e a Santa Dulce por me permitirem uma segunda chance especial, por me deixarem encontrar em meio ao caos o amor incondicional pela escrita. Enquanto eu sigo meu propósito, eu ajudo pessoas pelo caminho. Dessa forma a jornada tem se tornado mais bonita.

A todos da Crivo Editorial, o meu muito obrigada por terem transformado meu projeto em realidade. Jamais esquecerei o carinho e a dedicação que deram a mim. À minha agente literária, conterrânea e agora amiga Samantha Silvany, obrigada por ter acreditado no meu potencial. É tão incrível ver mulheres se apoiando e levantando umas às outras.

E então, em meio às lagrimas que já estão escorrendo, quero agradecer ao meu pai, Eduardo Riedel, por ter me ensinado a amar os livros. Sem dúvidas, se não fosse pela sua exigência de ler pelo menos um livro por semana, eu não teria descoberto o meu hobby e, agora, profissão preferida. À minha mãe, Vania Bandeira, eu dedico todo o meu amor. Obrigada por tantos ensinamentos, por me mostrar que é sempre possível se apaixonar e por sempre me apoiar. Sei que você é minha maior fã e sempre fez tudo para me ajudar.

À minha doadora de medula óssea: ainda não te conheço, mas com apenas um sim você me deu a oportunidade de continuar seguindo minha vida. Um dia te entregarei esse livro em mãos. A todos os médicos, enfermeiras, técnicas de enfermagem e nutricionistas que cuidaram de mim: vocês não sabem o quanto sou grata pelas pessoas que ajudaram em todo o meu tratamento. Em especial, agradeço Dr. Nelson, Dra. Juliana, Dra. Jade e Dra. Mariana por terem me dado tanta força no momento mais difícil de minha vida: meu transplante. Se não fosse pelos cuidados de vocês, eu, certamente, não sei se estaria aqui.

Às minhas queridas irmãs, Sarah, Nathália e Mirna, obrigada por terem sido um exemplo. Ser a caçula em meio a três lindas mulheres me inspira e me fez ser quem eu sou hoje. Minha amada afilhada, Maria Thereza, eu te amo. Obrigada por ser luz em minha vida. Ao meu cunhado-irmão, Oswaldo Duarte, todo o meu carinho. Agradeço tanto por você fazer parte de minha família. À Bárbara Costa, minha melhor amiga e confidente (que até deu nome a personagem!), obrigada por ter sido minha base em tantos dias difíceis. Não consigo expressar a força que você me deu durante esse tempo. A todas as minhas amigas e a todos os meus amigos — eu poderia escrever páginas e páginas com tantos nomes queridos —, obrigada por terem me incentivado tanto.

Por fim, agradeço aos meus seguidores por terem me tornado quem sou hoje. Agradeço vocês por sempre serem tão presentes e dedicados. Agradeço a vocês por terem acreditado em mim e por me darem a linda oportunidade de fazer o que eu amo. A internet, sem dúvidas, transformou minha vida.

Gostaria de me despedir com um desejo:

**Recomeçar dói, mas é necessário. Que a cada recomeço eu me redescubra.**

**Obrigada.**

# SOBRE A AUTORA

Duda Riedel é atriz, jornalista e escritora. Começou em 2016 a publicar seus textos na internet e desde então não parou. Em suas redes sociais, que já somam mais de 700 mil seguidores, ela compartilha suas histórias de amor e superação. Leva os temas sempre com bom humor e consegue transformar até o mais doloroso término em uma linda lição. Em 2019, Duda enfrentou uma leucemia e viu seus sonhos e projetos serem interrompidos. Agora, um ano depois e curada, ela conseguiu, finalmente, realizar seu maior desejo: publicar um livro físico. O que você acabou de ler é muito mais do que um romance, é a concretização de um sonho de alguém que venceu uma dura batalha e, por fim, conseguiu alcançar suas metas.